**EUROPA**VERLAG

JEANNETTE HAGEN

# DIE LEBLOSE GESELLSCHAFT

## WARUM WIR NICHT MEHR FÜHLEN KÖNNEN

EUROPAVERLAG

© 2016 Europa Verlag GmbH & Co. KG,
Berlin · München · Zürich · Wien
Umschlaggestaltung: Hauptmann & Kompanie
Werbeagentur, Zürich, unter Verwendung eines
Fotos von © ullstein bild – Reuters / Yannis Behrakis
Redaktion: Carsten Schmidt
Layout & Satz: BuchHaus Robert Gigler, München
Druck und Bindung: Pustet, Regensburg
ISBN 978-3-95890-060-8
Alle Rechte vorbehalten.

www.europa-verlag.com

*Ich widme dieses Buch den Menschen, die auf der Flucht sind. All jenen, die seit Monaten kein eigenes Bett mehr haben, keine Sicherheiten, keine Heimat. Ich verneige mich tief vor ihrem Mut und vor ihrer Kraft.*

# INHALT

# PROLOG

»Man darf nicht nur dagegen sein,
sondern muss etwas tun
und an der Zementmauer der Unmöglichkeit versuchen,
kleine Möglichkeiten herauszuschlagen.
Zerreißt den Mantel der Gleichgültigkeit,
den ihr um euer Herz gelegt habt.
Wenn jeder wartet, bis der andere anfängt,
wird keiner anfangen.«

SOPHIE SCHOLL

Meine Tochter Emma ist Grundschülerin. Vor zwei Tagen sagte sie:
»Mama, ich habe ganz viele Leichen gesehen.«
»Wo?«
»In den Nachrichten. Mit dem Opa. Er hat gesagt, ich soll nicht
hinsehen, aber ich hab sie ganz kurz trotzdem gesehen, wie sie am
Strand liegen [...].«
Ich wollte meinem Kind in Ruhe erklären, wie es dazu kommt,
dass so viele Menschen im Meer ertrinken und wieso es das in den
Nachrichten sehen muss.

*Sie sagte: »Mama, ich weiß alles über die Flüchtlinge. Sie sterben im Meer, weil sie nicht zu Hause in ihren Ländern sterben wollen. Ich weiß nur nicht, wieso ihnen niemand hilft.«*
*(Sabine Beck und Emma)*

Die Frage der kleinen Emma ist mehr als berechtigt. Sie drückt ihr gesundes Erstaunen über die offensichtliche Gleichgültigkeit der Erwachsenen aus. Ihr Entsetzen darüber, dass den Frauen, Männern und Kindern, die auf der Flucht vor Krieg, Gewalt und Verfolgung sind, nicht geholfen wird und viele von ihnen deshalb sterben müssen.

Wären wir alle so alt wie Emma oder würden wir noch so fühlen wie sie, dann gäbe es vermutlich keine Toten im Mittelmeer. Denn Menschen einfach so ertrinken oder ersticken zu lassen – das würden wir nicht übers Herz bringen.

Nun sind wir aber nicht mehr acht Jahre alt, sondern erwachsen. Wir sehen die Bilder, aber statt das ganze Ausmaß des Leids zu fühlen, das sich vor unseren Augen abspielt, und dementsprechend zu handeln, schalten wir unseren Kopf ein und finden Tausende Gründe, warum das so ist oder sogar richtig sein soll.

Ich bitte Sie, einen kurzen Moment zu überlegen, was Sie tun würden, wenn Sie einen Ertrinkenden in einem See oder im Meer sehen. Nicht im Fernsehen oder auf dem Laptop, sondern ganz analog in Ihrer Nähe. Ich bin sicher, Sie würden keine Sekunde zögern. Sie würden wahrscheinlich mit Ihren Sachen am Leib ins Wasser springen und versuchen, ihn zu retten, oder Sie würden so schnell wie möglich Hilfe holen. Sie würden gar nicht auf die Idee kommen, daneben zu stehen, die Situation zu überdenken und dabei zuzuschauen, wie er ertrinkt. Es wäre Ihnen völlig egal, ob es ein Syrer, ein Marokkaner, ein Chinese oder ein Deutscher ist, der da in den Wellen um sein Leben kämpft. Sie würden keinen Gedanken daran verschwenden, ob der Mann Ihnen den Arbeitsplatz wegnehmen will, aus welchen Gründen er dort im Wasser ist oder ob seine Familie in ein paar Wochen auch ins Land kommt. Sie fühlen, dass dort jemand in Not ist, und handeln. Und Sie fühlen sich gut dabei. Sie würden für Ihren Einsatz eventuell auch gefeiert oder geehrt werden. Zu Recht, denn Sie haben jemandem das Leben gerettet. Sie haben vielleicht zwei Kindern den Vater wiedergebracht. Einer Frau den Mann. Einem Mann den Bruder. Einer Mutter ihren Sohn. Und nun frage ich Sie: Wenn Sie einen retten würden, warum lassen Sie es zu, dass Tausende ertrinken?

Weshalb schauen Sie weg? Weil es etwas anderes ist? Weil wir nicht alle retten können? Weil es Flüchtlinge sind? Weil Deutschland nicht die »Heilsarmee für die Welt« ist?

Das, womit wir derzeit konfrontiert sind, ist keine »Flüchtlingskrise«. Es ist eine gesellschaftliche Krise, deren erschreckendes Ausmaß im Kontext der sogenannten Flüchtlingskrise erst deutlich wird. Der Kopf dominiert das Herz. Weil den meisten Menschen von klein auf erzählt und vorgelebt wurde, dass Gefühle uns »im Weg stehen« und »beherrscht« werden müssen, haben Empathie und Mitgefühl als Säulen unseres Menschseins eine erschütternde Entwertung erfahren. Antrieb, aber gleichzeitig auch Folge dieser Entwicklung sind unsere starren individuellen und gesellschaftlichen Strukturen: Normen, Gesetze, Verordnungen und Maßnahmenkataloge.

Wer allerdings nicht mehr fühlen kann, braucht andere Orientierungshilfen. Wer diese hat, verlernt das Fühlen. Was »richtig« oder »falsch« ist, wird nicht von innen heraus gefühlt, sondern von außen diktiert.

Mit der Ausrichtung auf das Denken, auf unsere Ratio, haben wir viel erreicht. Der Fortschritt ist unumstritten. Tragisch daran ist, dass wir dafür über Leichen gehen. Die Abkehr von Gefühlen tötet nicht nur unsere Menschlichkeit, sondern macht es möglich, dass wir fleißig an dem Ast sägen, auf dem wir sitzen. Der Zustand unserer Welt ist das Spiegelbild der Zerrissenheit unserer Seelen. Über diese Ansicht kann man ignorant lachen, das macht sie aber nicht weniger wahr.

Wer Geflohenen heute hilft, also Menschenleben rettet, wird dafür nicht mehr gefeiert. Im Gegenteil. Im Januar 2016 wurden sechs Rettungsschwimmer verhaftet, die 51 Geflohene aus einem seeuntüchtigen Schlauchboot retteten und an die Küste von Lesbos brachten. Während die Rettungsschwimmer im Gefängnis saßen, starben an dem Küstenabschnitt, für den sie verantwortlich waren, acht Kinder.

Wer heute Geflohene »willkommen heißt«, muss sich nicht selten vor Freunden, Familienmitgliedern oder Arbeitskollegen rechtfertigen. Im schlimmsten Fall wird er oder sie beschimpft. Manche werfen ihm vor, blind für die Sorgen der eigenen Bevölkerung zu sein. Andere gehen sogar so weit, zu sagen, dass die, die menschlich handeln, der Gesellschaft schaden. Sozusagen das eigene Nest beschmutzen, den Terror ins Land holen. Nach den Ereignissen im Juli 2016 ist diese Ansicht besonders populär.

Wer Emotionen zeigt, wer seine Verletzlichkeit angesichts der Tragödien unserer Tage nicht hinter Mauern aus Sarkasmus, Sachverstand und »Realitätssinn« versteckt, wer eine Chance in der gegenwärtigen Situation sieht, hat es schwer. Er wird verlacht oder als Träumer abgestempelt.

Als ich vor einigen Tagen auf meinem Facebook-Account dazu aufrief, statt mehr Waffen, mehr Polizei und mehr Überwachung zu fordern doch lieber »mehr Liebe« zu wagen, bekam ich neben vielen anderen auch diesen Kommentar: »Herrliche Traumwelt, in der ihr lebt – und alles ist ganz einfach.« Manche haben mir auch schon dazu geraten, einen Psychologen aufzusuchen, weil ich ganz offensichtlich an einem Rettungssyndrom leide. »Wer Visionen hat, sollte zum Arzt gehen«, hatte Helmut Schmidt einst gesagt – und viele haben ihm geglaubt.

Wir können uns heute fast alles erklären, aber wir scheitern oft, wenn Gefühle im Spiel sind. Irrationales wird dadurch suspekt. Der Tenor unserer Zeit ist, dass nichts wahr ist oder sein kann, was nicht die »harte Prüfung der Vernunft besteht«. Was nicht rational erklärt und wissenschaftlich belegt werden kann, existiert nicht. Wir folgen damit dem Philosophen René Descartes, der 1641 den Grundsatz prägte: »Cogito ergo sum« – »Ich denke, also bin ich«. Mit diesem Satz räumte er dem Denken einen Stellenwert ein, den es zu hinterfragen gilt.

Ich halte diese Entwicklung, die Abkehr von Emotionen, von Mitgefühl und Menschlichkeit, für grundfalsch. Ich habe den Eindruck, dass wir in einer Sackgasse feststecken. Wir sind doch nicht, *weil* wir denken, sondern wir *können* denken, weil wir *sind*. Wir fühlen aber auch – und diese Gefühle entziehen sich jeglicher Vernunft und Rationalität. Je stärker jedoch die Konzentration auf dem Denken lag, umso ominöser wurden die Gefühle. Und um diese Ambivalenz, um das Ungleichgewicht zwischen Denken und Fühlen und seine Ursachen, geht es in diesem Buch.

Weil es so herausfordernd ist, Gefühlen nachzugehen und sie einzuordnen, debattieren und diskutieren wir heute viel, sind schlau und haben eine Meinung. Und während wir damit beschäftigt sind, diese bis aufs Messer, also notfalls auch mit Gewalt zu verteidigen, werden Kriege geführt, Menschen ausgebeutet oder tote Kinder an die Küsten von Griechenland oder Libyen gespült.

Unser schlauer Kopf, unser Denken, also das, was uns als Zivilisation lange nach vorn gebracht hat, drängt uns nun an den Abgrund der Menschlichkeit. Und auch wenn viele diesen Eindruck beiseiteschieben – die meisten spüren, dass die Dominanz des Denkens Folgen hat.

Leistungsdenken, Ellenbogenmentalität, Konkurrenz, Kampf, Gewalt, Rationalität und Sarkasmus sind unmittelbare Effekte der Denkkultur. Das, von dem wir dachten, dass es uns zusammenbringt und die Probleme der Menschheit löst, erweist sich mehr und mehr als Irrweg, wenn es als einzig gültiges Werkzeug eingesetzt wird. Die Abkehr von Gefühlen entfremdet uns voneinander und von uns selbst. Sie führt uns immer dichter an ein Szenario heran, das sich eigentlich niemand wünscht.

Die Realität zeigt uns, dass wir die Augen davor nicht mehr verschließen können. Die Geflohenen präsentieren uns den Zustand der Welt, denn niemand begibt sich grundlos auf einen so gefährlichen Weg, überwindet Grenzen und Stacheldraht. Niemand besteigt mit seinen Kindern ein wackliges Schlauchboot und riskiert sein Leben – es sei denn, die Umstände zwingen ihn dazu.

Wir leben in einer Welt, in der Angst und Gewalt ständige Begleiter sind. Nun kann man sagen, dass das schon immer so war und dass wir hier in Europa – objektiv betrachtet – noch nie in einer so sicheren Zeit gelebt haben. Das mag sein. Der Zweite Weltkrieg liegt über 70 Jahre zurück, die Länder haben sich prächtig entwickelt, die Landschaften blühen. Also hätten wir doch allen Grund, glücklich und zufrieden zu sein. Dem ist aber nicht so. Denn abgesehen von der »Flüchtlingskrise«, den Kriegen und Terroranschlägen, die plötzlich unsere Wohlstandsträgheit erschüttern, gab es noch nie eine Zeit, in der die Menschen in dieser Größenordnung psychisch krank waren, mit Burn-out zu kämpfen hatten, depressiv waren oder einfach den Sinn dieses Lebens infrage gestellt haben. 2010 litten circa 30 Prozent der Deutschen innerhalb eines Jahres an einer diagnostizierbaren psychischen Störung.

Und obwohl die Situation sich zusehends verschlechtert, gibt es viele, die starr und mit aller Macht an der eingeschlagenen Richtung festhalten. Die noch mehr Sachverstand, noch mehr Fortschritt, noch mehr Leistung, noch weniger Gefühl fordern – und diese entmenschlichte Haltung mit Vernunft, Rationalität und logischen Argumenten untermauern. Und weil die meisten von uns gelernt haben, dass Denken wichtiger und wertvoller ist als Fühlen, hinterfragen sie das nicht, sondern sehen dabei zu, wie uns die »Überlegenheit der Ratio« einen wichtigen Teil unseres Menschseins kastriert.

Wer nicht mehr fühlt, der funktioniert. Nur so ist es möglich, dass Forderungen wie die, uns nicht mehr »von Kinderaugen erpressen« zu lassen oder uns an diese schrecklichen Bilder von toten und ausgemergelten Geflohenen zu »gewöhnen«, eine laue Empörung, aber keinen Aufschrei mehr erzeugen. Mehr noch – wir lassen zu, dass Botschaften wie diese sich peu à peu in unseren Alltag schleichen und zur Normalität werden.

»In dieser Welt der Abstraktion dominiert Gewalt. In ihr kann nur überleben, wer andere unterwirft und vernichtet. Diese Vorstellung eines Lebens ohne Mitgefühl ist auf Feinde angewiesen«, schreibt Arno Gruen in seinem Buch *Dem Leben entfremdet. Warum wir wieder lernen müssen zu empfinden.*

Und er hat vollkommen recht, wenn er feststellt, dass die meisten von uns dieses Leben nur halb leben, weil wir einen wichtigen Teil unseres Menschseins, unsere Empathie und unser Mitgefühl, ausklammern und durch das Kognitive ersetzen. Dabei gehören Gefühle zu uns. Sie sind ein wesentlicher Teil unseres Seins. Gefühle sind der Motor unseres Lebens. Sie geben uns Orientierung und unserem Leben Bedeutung.

Der kanadische Psychologe Gordon Neufeld schreibt: »Gefühle machen das Leben lebenswert, aufregend, herausfordernd und bedeutungsvoll. Sie sind Antrieb für die Erkundung unserer Welt, die Motivation unserer Entdeckungen und die treibende Kraft unseres Wachstums.«

Wenn Sie sich das nächste Mal fragen, warum es so viel Gewalt und so viel Elend auf dieser Welt gibt, dann kennen Sie jetzt einen Teil der Antwort. Der Grund ist die zunehmende Abwehrhaltung gegenüber unseren Gefühlen. Wer nicht fühlt, kann aber auch nicht gefühlvoll handeln. Das, was wir als Sieg feiern, die Dominanz des Kopfes über unser Herz, ist in Wahrheit eine Niederlage. Selten war das so deutlich wie in diesen Tagen, in denen wir fast kollektiv das Leid auf unserem Planeten ignorieren und obendrein noch die auslachen und als kranke esoterische Spinner beschimpfen, die ihr Herz offenhalten und nicht wegschauen, sondern handeln.

## ACHTUNG, GEFÜHLE!
## WAS DIESES BUCH ERREICHEN WILL

Dieses Buch steckt voller Emotionen. Das mag für ein Sachbuch ungewöhnlich erscheinen, aber es ist beabsichtigt, denn schließlich sind Gefühle ja das Thema. Würde ich im Elfenbeinturm der Versachlichung bleiben, könnte ich meine Verzweiflung, meine Empörung und meine Traurigkeit nicht zum Ausdruck bringen. Sie würden hinter der Fassade von Unparteilichkeit oder Rationalität versteckt bleiben und nichts bewirken. Meine tiefste Gewissheit ist es, dass wir die Antworten auf dringende existenzielle Fragen erst dann finden, wenn wir wieder Zugang zu unseren Gefühlen erlangen und aus ihnen heraus authentisch handeln. Erst dann zeigt sich das ganze Bild. Momentan sind viele auf einem Auge blind.

Ein wichtiges Anliegen dieses Buches ist es, dem Mechanismus der Verdrängung auf die Spur zu kommen. Fragen nachzugehen, wie: Können wir nicht mehr fühlen? Wollen wir nicht fühlen? Haben wir es verlernt? Wurde es uns aberzogen? Welche Rolle spielen in diesem Zusammenhang Sprache, Erziehung, Bildung und das Verhältnis zu unseren Vätern? Welche Rolle spielt unsere nationalsozialistische Vergangenheit?

Mein Wunsch ist, dass wir den Blick auf uns selbst richten. Weg von der Angst und dem, was gerade im Außen passiert. Dabei bleibt es allerdings nicht aus, den Finger in die Wunde zu legen und aufzuzeigen, welchen Wahnsinn wir zulassen und wie wir ihn uns schöndenken.

Wagen wir mehr Achtsamkeit dem gegenüber, was uns wirklich bewegt! Schenken wir den Gefühlen in uns Aufmerksamkeit! Gefühle sind das, was uns von Maschinen unterscheidet. Gefühle sind das, was uns verbindet oder trennt. Gefühle sind ein Gradmesser. Unterdrückt man sie, dann beginnen sie, in uns ein Eigenleben zu führen. Wenn wir sie ersticken, schneiden wir uns vom Leben ab. Dann brauchen wir Ersatzstoffe, Kriegsschauplätze und Projektionsflächen. So wirkt plötzlich ein Geflohener, der mutig genug war, auf sein Gefühl zu hören, sich auf den Weg zu machen und seine Sicherheiten buchstäblich über Bord zu werfen, wie ein Affront.

Wer sich seiner Gefühle nicht bewusst ist oder sich nicht um sie kümmert, der schleicht sich aus der Verantwortung für sein Leben und für das Wohl der Gemeinschaft. Der wartet darauf, dass Politiker alles regeln. Der ist empfänglich für die Heilsversprechen dubioser Machtmenschen, die schnelle Lösungen für Probleme anbieten, die niemals schnell gelöst werden können.

Ich möchte an den Gedanken heranführen, dass unsere Gefühlsabwehr und unser Angst- und Sicherheitsdenken dazu führen, dass wir mehr und mehr wie Roboter durch das Leben gehen. Selbst Mauern errichten. Wir *sind* nicht mehr. Sie werden im Verlauf des Buches verstehen, wie ich das meine.

Als ich den Vertrag für dieses Buch unterzeichnete, hatte ich für einen Moment Bedenken, dass das Thema in einem halben Jahr nicht mehr aktuell sein könnte, weil die »Flüchtlingskrise« durch die Abschreckungs- und Abschottungspolitik für viele Menschen gar nicht mehr sichtbar ist. Aber die aktuellen Entwicklungen in Großbritannien, in der Türkei, in Deutschland und in Frankreich zeigen, dass das Thema aktueller denn je ist. Die Einschläge kommen immer näher. Und wir brauchen etwas anderes als Gewalt, das wir dem »Wahnsinn« entgegensetzen können. Wir haben die Mittel, aber wir halten sie zurück.

Es macht uns nicht glücklich, so zu leben. Es macht unser Dasein auch nicht sicherer. Auf das Leid oder überhaupt auf einen anderen Menschen mit Sarkasmus, Verachtung und Härte zu reagieren verbessert weder unser Dasein noch den Zustand dieser Welt. Es führt nicht zu klugen, nachhaltig dienlichen Entscheidungen. Wir sollten ehrlich die Frage stellen, ob uns das bedingungslose Vertrauen in die Ratio guttut. Ob Disziplin, die nur herrscht, weil wir uns Sachzwängen unterordnen, die Menschheit voranbringt. Ob es uns näher zusammenrücken lässt, wenn wir uns gegenseitig Gefühle vorenthalten. Wenn wir Sachzwänge über Gefühle stellen. Fühlen wir uns besser, wenn wir gewalttätige verbale Schnellschüsse durch das Internet feuern oder Menschen die Hilfe verweigern, die sie benötigen? Ist es dienlich, dem Hass und der Angst das Ruder in die Hand zu geben?

Angst dominiert jedes andere Gefühl, jede Empathie. Eine Nation, die kollektiv nach dem Glück strebt, spaltet sich durch Hartherzigkeit, Strenge und Kälte davon ab. Wir debattieren und debattieren, vergeuden unsere Kraft auf Nebenschauplätzen und verlieren aus dem Blick, was wichtig wäre: anpacken, aktiv sein, das Leben und die Gesellschaft bewusst gestalten.

Ich möchte mit diesem Buch zeigen, dass unsere Gefühlsabwehr uns zu dressierten und funktionierenden Objekten macht. Ich möchte zeigen, wie anfällig wir dadurch für Manipulationen von Menschen sind, die ebenso gefühllos durchs Leben gehen und der Gier nach Macht und Überlegenheit das Zepter in die Hand gegeben haben. Sachverstand ist ein Totschlagargument gegen jeden, der die emotionale Seite einer Angelegenheit mit ins Spiel bringen will. Wer je in einer Runde von Sachverständigen – und dafür halten sich heute die meisten – Gefühle gezeigt hat oder sie ins Spiel bringen wollte, kennt sicher das abwertende und demütigende Verhalten, das einem entgegenschlägt.

Viele Menschen sind ein Leben lang darauf getrimmt, die eigenen Emotionen zu beherrschen und jede Gefühlsregung in ihrer Umgebung zu diskreditieren. Hinter ihren Mauern verbirgt sich ein tiefer Schmerz, der nicht gefühlt werden darf und der dennoch die Richtung des Denkens bestimmt. Erfahrene Verluste oder psychische Verletzungen sind in diesem Zusammenhang ein wichtiger Schlüssel. Verluste und Verletzungen – egal auf welcher Ebene, persönlich im Kontext der Familie oder kollektiv und gesellschaftlich durch traumatische Ereignisse wie dem Zweiten Weltkrieg. Werden diese nicht angemessen betrauert, halten sie uns ein Leben lang emotional gefangen. Sie steuern sozusagen aus dem Hintergrund unser Handeln.

So werden Opfer zu Tätern. Verletzte Menschen verletzen andere Menschen – wie in München, Würzburg und anderswo. Für viele ist es leichter, die »Waffe« auf andere zu richten, als sich dem Schmerz im eigenen Körper und der eigenen Seele zuzuwenden. Die Gesellschaft unterstützt diesen Weg. Denn wer darf heute noch trauern? In einer Zeit, in der es verpönt ist, Gefühle zu zeigen? In einer Zeit, in der jene, die sich öffnen, mit »mimimi«, »Heul doch!« oder auf andere Weise verlacht werden. In einer Zeit, in der alles schnell gehen muss, kaum einer die Ruhe und den Raum hat, sich seinen Gefühlen hinzugeben. Wir alle tragen Verlust- oder Verletzungsschmerzen in uns. Eigene und die unserer Vorfahren. Wir kommen nicht umhin, diese Leichen aus dem Keller zu holen, wenn wir wirklich etwas verändern wollen. Der Weg zu Umgestaltungen führt unter anderem über eine ehrliche Auseinandersetzung mit unseren Gefühlen.

»Willst du die Welt verändern, dann fang bei dir an!« ist alles andere als ein seichter Kalenderspruch. Es ist die Möglichkeitsformel für radikale Veränderungen.

Ich habe mich zu diesem Weg entschlossen, denn ich sehe in der gegenwärtigen politischen und gesellschaftlichen Konstellation die große Chance, wirklich etwas zu bewegen. Unsere eigenen Dramen, die uns durch die Geflohenen gespiegelt werden, zu erkennen und zu verabschieden. Ich habe mich entschieden, dass ich keinen weiteren Tag passiv sein möchte und mich damit indirekt an dem Sterben im Mittelmeer oder an einer fehlgeleiteten Politik beteilige. Für mich gibt es mittlerweile nur die Option, aktiv zu helfen. Ich werde im Buch einige Episoden erzählen und Möglichkeiten aufzeigen, wie man sich einbringen kann. Denn Gefühle zuzulassen ist die eine Seite, handeln die andere. Ich möchte durch dieses Buch zeigen, was ich unter angewandter Empathie verstehe.

Der herzzerreißende Kummer, der angesichts solcher Bilder wie dem des ertrunkenen Jungen Aylan Kurdi angemessen wäre, muss zugelassen werden, damit er eine authentische Reaktion hervorrufen kann. Wir müssen die Resonanz, die solch ein Anblick in uns hervorruft, erkennen. Genau davor scheuen die meisten zurück. Weil es wehtut, den eigenen Schmerz zu fühlen. Würden wir es tun, dann würde eine klare Reaktion folgen. Dann müssten wir uns um unsere verletzten »inneren Kinder« kümmern. Was das bedeutet, werde ich erklären.

Gleichzeitig müssten wir kollektiv aufspringen und uns mit ganzer Kraft dafür einsetzen, dass Menschen nicht mehr gezwungen sind, ihre Heimat zu verlassen, in wacklige Boote zu steigen oder ihr Vermögen Schleppern in den Rachen zu werfen. Würden wir empathisch sein und Sachzwänge nicht über Gefühle stellen, würden wir uns gemeinsam für eine Politik starkmachen, die Fluchtursachen bekämpft, nicht die Menschen, die vor ihnen fliehen – eine Politik, die für gute Lebensbedingungen in den jeweiligen Ländern sorgt, statt Grenzen und Mauern zu errichten oder Geflohene wie Verbrecher in Lagern einzusperren.

Ich hoffe und wünsche, dass Sie in meinen Überlegungen und Beispielen einen Anstoß für Ihr eigenes Handeln finden. Es wäre schade, wenn Sie das Buch lesen und sagen: »Ja, sie hat recht«, und anschließend wieder wegschauen. Ich weiß sehr gut, dass es unbequem sein kann, sich mit der eigenen Gefühlswelt und dem eigenen Unvermögen zu befassen. Fragen zu stellen ist anstrengend und erfordert verdammt viel Mut. Ich habe auch oft gezweifelt, hatte viele Bedenken – und bin aber am Ende über sie hinweggegangen.

Dieses Buch ist eine Einladung. Sollte es mir gelingen, Sie für diesen Weg zu begeistern, dann bewahrheitet sich das Zitat von Sophie Scholl, das ich an den Anfang gestellt habe. Dann habe ich »eine kleine Möglichkeit herausgeschlagen«, die vielleicht in der Summe Großes bewirkt. Das wäre ein Geschenk für uns alle.

# 1. VORGESCHICHTE – DIE ENTWICKLUNG MEINER HALTUNG

Lange Zeit war ich überzeugt davon, dass mich Politik nicht interessiert. Obwohl ich schon als Kind über einen ausgeprägten Gerechtigkeitssinn verfügte und etwas bewegen wollte, hielt ich mich zurück. Lauter, aktiver Protest oder Auflehnung gegen gesellschaftliche Missstände waren lange Zeit keine Option für mich. Obwohl mir die Ungerechtigkeiten auffielen, geriet ich irgendwann immer an den Punkt, wo ich mir den »Ist doch sowieso egal«-Mantel überstreifte und »die da oben« machen ließ. Ich dachte immer, es bringt nichts, weil man ja ohnehin keine Macht hat. Es fiel mir leichter, Politiker zum Objekt herabzustufen, denen man die Schuld in die Schuhe schieben kann. So wie es andere jetzt mit dem Ausdruck »Mutti Merkel« tun, war für mich Erich Honecker der Sündenbock.

In der DDR so eine Haltung zu kultivieren war leicht, weil viele hinter vorgehaltener Hand über die Obrigkeit meckerten. Trotzdem spürte ich, dass es Unrecht gab, dass Menschen unterdrückt wurden. Als Freunde meiner Eltern bei einem Fluchtversuch verhaftet und anschließend eingesperrt wurden, fing ich an, mich innerlich gegen das System DDR aufzulehnen. Immer noch nicht laut – aber mein Widerwille und mein Trotz gegen die sozialistische Erziehung waren geweckt. Allerdings war mir damals noch nicht bewusst, dass das System, und jene, die es aufrechterhielten, sehr geschickt darin waren, Angst als Macht- und Druckmittel einzusetzen. Wie stark das bei mir gewirkt hat und mich daran hinderte, meinen Gerechtigkeitssinn auszuleben, habe ich erst verstanden, nachdem ich die DDR kurz vor der Wende verlassen hatte. Ich werde in einem späteren Kapitel darauf zurückkommen, wie das Wirkprinzip der Gewalt und der Disziplinierung dazu beiträgt, Menschen sich selbst zu entfremden.

Still zu bleiben fühlte sich für mich nie sonderlich gut an, aber in gewisser Hinsicht sicher. Irgendwann kam jedoch der Augenblick, an dem ich gezwungen war, mich mit mir und meiner Haltung auseinanderzusetzen, Verantwortung zu übernehmen. Mein »vorgefertigtes Leben mit mutigen Entscheidungen zu meinem eigenen Leben zu machen«. Statt gleich die ganze Welt, erst einmal mich zu retten. Bei mir hatte es einen ganz persönlichen Hintergrund, der mich dazu herausforderte, meine Schmerzabwehr zu durchbrechen und die »Gefühlsakte« zu öffnen. Das war ein langer Prozess, der mir das Vertrauen in meine eigene Handlungsfähigkeit und Integrität zurückgegeben hat. Parallel zu diesem Prozess zeigte sich die Seite, die es schon immer in mir gab. Mein Wunsch, etwas zu bewirken. Zustände nicht als gegeben hinzunehmen, Ungerechtigkeiten und Missstände zu benennen – und darüber hinaus jenen zu helfen, die weniger Glück hatten als ich. Und mich dafür einzusetzen, dass andere Menschen ebenso aktiv werden und nicht weiter stumme Zuschauer sind, die gebannt auf die nahende Katastrophe blicken oder das Elend der Geflohenen konsequent ignorieren.

2015 hörte ich zum ersten Mal vom syrischen Pianisten Aeham Ahmad. Aeham lebte damals im Camp Jarmuk – einem Flüchtlingslager am Rande von Damaskus in Syrien. Das Camp ist derzeit – wie viele andere Orte in Syrien – aufgrund der Kampfhandlungen weitestgehend von der Außenwelt abgeschnitten. Hilfsorganisationen dürfen nur sporadisch hinein, die Bewohner hungern und sind buchstäblich zwischen den Fronten gefangen. Am 10. April 2015 richtete UN-Generalsekretär Ban Ki Moon einen Appell an die Weltöffentlichkeit. Er sagte, Jarmuk gleiche einem Todeslager. »Dutzende Menschen sind schon verhungert in Jarmuk. Die letzten Katzen, Vögel, Hunde wurden bereits vor langer Zeit gegessen …«, so konnte man lesen.[1]

Ähnlich beschrieb Aeham die Situation. Er floh jedoch nicht, sondern zog mit seinem Piano durch die Straßen und sang für die Bewohner von Jarmuk, vor allem für die Kinder. Er sang und spielte, um ihnen Mut zu machen, damit sie wieder lachten und sich freuten. Gleichzeitig wollte Aeham mit seiner Musik die Weltöffentlichkeit auf das Schicksal Jarmuks aufmerksam machen. Er spielte in den Straßen, bis zu dem Tag, als ein kleines Mädchen, das seiner Musik lauschte, neben ihm erschossen wurde, Kämpfer des IS sein Piano zerstörten und ihn und seine Familie bedrohten. Mittlerweile lebt Aeham in Deutschland, ist Träger des Beethovenpreises und wird als »Vorzeigeflüchtling« herumgereicht. Die 10 000 Euro, mit denen der Beethovenpreis dotiert ist, hat man ihm allerdings nicht ausgezahlt. Begründung: Das würde sein Status als »Flüchtling« nicht erlauben. Aeham ist hier in Deutschland nach eigenen Angaben nicht glücklich. Er hat Sehnsucht nach seiner Familie. Er fürchtet, sie könnte in Jarmuk sterben. Seine Sorgen und Ängste sind absolut berechtigt. Er ist einer von vielen, die die Aussetzung des Familiennachzugs hart getroffen hat.

Ich hatte zuvor, als Aeham noch in Jarmuk war und ich über ihn gelesen hatte, sofort den Impuls, ihm zu helfen. Mich haben sein musikalisches und soziales Engagement tief beeindruckt, und so habe ich versucht, einen ungefährlichen Weg für ihn zu finden, damit er hier leben und seinem Land weiterhin eine musikalische Stimme geben kann.

Ich schreibe ganz bewusst nicht »legalen« Weg, weil das suggerieren würde, dass seine Flucht illegal war. Aber wie kann Flucht vor Krieg und Terror illegal sein? Jeder, der in seinem Land verfolgt oder ausgebeutet wird, hat das Recht auf Asyl – und wenn die Botschaften im eigenen Land nicht mehr existieren, um dort Asyl zu beantragen, müssen sich die Menschen gezwungenermaßen auf den Weg begeben. Flucht als »illegal« abzustempeln ist völlig absurd.

Denkt man sich nur für einen Moment in diese Situation hinein und überlegt, wie sich eine echte Bedrohung anfühlen würde: Wenn Bomben vom Himmel fielen, man nichts zu essen hätte und auch nicht wüsste, wie man seine Kinder retten kann. Wie würden wir mit der Bedrohung leben, dass täglich ein Familienmitglied oder man selbst sterben könnte? Würden Sie ausharren und bleiben? Kaum einer von uns hat je Entbehrungen erlebt. Ich meine richtige Entbehrungen. Wir leben in Europa so sicher wie noch nie in der Geschichte. Hier fallen keine Bomben. Hier sterben keine Kinder beim Spielen, weil sie von einem Querschläger getroffen werden. Hier hungert und verdurstet niemand. Im Gegenteil. Wir werfen Tonnen von Lebensmitteln in den Müll. Wir spülen unsere Ausscheidungen mit Trinkwasser hinunter. Wir können auf soziale Netze zurückgreifen, können zum Arzt gehen, wenn wir krank sind. Wir füttern unsere Katzen mit Lachshäppchen. Können aus unzähligen Sorten Brot wählen. Niemand muss bei uns Singvögel oder Gras essen, weil sonst nichts mehr da ist, was den Hunger stillen könnte. Die Wahrscheinlichkeit, an einer Pilzvergiftung zu sterben oder von einem Blitz getroffen zu werden, ist bei uns trotz der Ereignisse im Juli 2016 nach wie vor höher als die Gefahr, einem Terrorakt zum Opfer zu fallen. Der Kabarettist Hagen Rether fasst die verschobene Wahrnehmung unserer Zeit in seinem Programm »Liebe« sehr treffend zusammen: »Haben Sie auch Angst vor dem Islam?«, will er wissen und fügt hinzu: »Jedes Jahr sterben in Deutschland 70 000 Menschen an Alkohol. Haben Sie Angst vor Riesling?«

Es hat mich buchstäblich erschüttert, als ich durch die Vernetzung mit Aeham und vielen anderen Syrern das Leid gesehen habe, das sie tagtäglich erleben. Wer sich viel in sozialen Netzwerken bewegt und entsprechend verbunden ist, der kann den Leichen, den zerfetzten Körpern, den zerbombten Städten, den weinenden Kindern und den verzweifelten Müttern und Vätern nicht ausweichen. Der sieht das Elend in seinem ganzen Ausmaß – und begreift irgendwann, dass sein Zusehen und Nicht-Handeln tödlich für die anderen ist.

Das Leid anderer Menschen geht mich etwas an, es geht uns alle etwas an, denn wir tragen einen Teil der Verantwortung dafür. In Griechenland sitzen derzeit rund 50 000 Geflohene fest. Sie sind eingesperrt wie Vieh. Uns hier über Massentierhaltung zu echauffieren und gleichzeitig zuzulassen, dass Kinder in Militärcamps oder auf dem nackten Boden ausgedienter Fabriken schlafen, die mit Schadstoffen belastet sind, ist absurd. Während wir uns beim Frühstücksbuffet die Teller vollschaufeln, müssen eine Alu-Schale voll Reis mit Soße und ein labbriges Baguette in Griechenland für einen Geflohenen reichen. Das ist die Tagesration für jeden. Egal ob Kind, Schwangere oder Mann.

Neulich sagte der österreichische Außenminister Sebastian Kurz in einem Interview mit der Wiener Zeitung »Die Presse am Sonntag«, dass Flüchtlinge, die auf illegalem Weg nach Europa kommen, ihr Recht auf Asyl damit »verwirkt« hätten. Den Glücksfall sähe er darin, diese Menschen sofort in ihre Heimatländer zurückzuschicken. Wenn das nicht machbar sei, sollten sie in Asylzentren untergebracht werden, »idealerweise auf einer Insel«.[2]

Ich frage mich, ob Sebastian Kurz weiß, was er da sagt. Ob ihm klar ist, dass er wie ein Despot über Menschenleben richtet. Welche legalen Wege gibt es, aus der Hölle von Aleppo zu entkommen? Oder aus Jarmuk? Oder aus einem afrikanischen Land, das wir durch unsere Wirtschaftspolitik konsequent ausbeuten? Welche Chancen haben die Menschen dort denn, dem zu entkommen?

Es ist mir nicht gelungen, Aeham so zu unterstützen, dass er mit seiner Familie Jarmuk verlassen konnte, aber unser Kontakt war der Startschuss für mich, endlich meine Bedenken und meine Bequemlichkeit über Bord zu werfen und aktiv zu werden.

Es gab noch ein weiteres Schlüsselerlebnis, das mich nicht nur zum Helfen, sondern auch dazu motiviert hat, mich mit der Frage zu beschäftigen, warum so viele Menschen still sind. Sich nicht bewegen, sich nicht berühren lassen, nicht aufschreien, sich nicht engagieren.

Im August 2015 war ich in England. Auf der Rückfahrt von Dover nach Dünkirchen stand ich auf einem der vielen Decks der Fähre. Das Wasser des Ärmelkanals war spiegelglatt, kein Schwanken beunruhigte uns. Kinder liefen hin und her, während sich die Erwachsenen unterhielten oder in ihre Laptops, Smartphones, Tablets oder durch die Panoramaverglasung aufs Meer schauten. Es war ein schöner Tag. Die Sonne strahlte von einem azurblauen Himmel, und die Kreidefelsen von Dover leuchteten so hell, als ginge es darum, sich unauslöschlich in die Erinnerung jener einzubrennen, die nun wieder Richtung Festland unterwegs waren. Ich stand vor einem riesigen Flatscreen, als ein Bericht über die Situation an der Grenze Mazedoniens ausgestrahlt wurde und meine Aufmerksamkeit fesselte. Ich sah schreiende und verzweifelte Erwachsene, weinende Kinder, dazwischen schwer bewaffnete Polizisten. Da der Ton leise gestellt war, wirkten die Bilder auf mich noch gewaltiger. Es war, als würde das gesamte Leid dieser

Menschen unmittelbar den Raum füllen. Ich konnte ihre Schreie hören, ihren Schmerz fühlen. Es gab keine Mauer zwischen mir und ihnen. Ich war mittendrin.

Mir liefen sofort Tränen über die Wangen – und da ich kein Taschentuch bei mir trug, schaute ich mich suchend nach meinem Mann um. Ich sah ihn nicht, aber während mein Blick über die Mitreisenden streifte, fiel mir auf, dass sich niemand außer mir für diese Bilder interessierte. Dass niemand berührt war von dem, was da auf dem Bildschirm gezeigt wurde. Sind denn alle schon so abgestumpft, dass nicht einmal mehr solche Bilder aufrütteln, fragte ich mich und beschloss, selbst nicht mehr abgestumpft zu sein. Auch wenn ich mich dafür schon beschimpfen lassen musste und mich meine Aktivitäten Freundschaften gekostet haben.

Lieber verzichte ich auf solche »Freunde« und lasse mich als »linksgrünversiffte Teddywerferin«, als »Bahnhofsklatscherin« oder »Gutmensch« beschimpfen, als dass ich die Hände in den Schoß lege und vom Sofa aus das Weltgeschehen mit launigen oder sarkastischen Sprüchen kommentiere.

Mir spricht der Satiriker Christoph Sieber aus der Seele, wenn er sagt: »Ich möchte nicht in einer Welt leben, in der Menschen, die solche Gedanken haben, als Gutmenschen verspottet werden und verächtlich gemacht werden von denen, denen der Zynismus jegliche Empathie so zerfressen hat, dass sie ihre eigene Herzlosigkeit nur ertragen können, indem sie andere verächtlich machen.«[3]

Natürlich hinterfragte ich zwischenzeitlich, woher bei mir der Drang kommt, zu helfen. Warum ich das Bedürfnis habe, mich einzusetzen, selbst im Urlaub das Handy kaum aus der Hand zu legen, um etwas in die Wege zu leiten, das nicht mich, sondern andere retten soll. Altruismus? Eine Überdosis Empathie? Rettungssyndrom? Ich finde es wichtig, herauszufinden, ob es eine gewisse Prägung ist, eine Charaktereigenschaft, die uns antreibt, oder ob es in unserem Wesen verankert ist. Was unterscheidet den Helfer vom Ignoranten? Was macht den einen zum »Bahnhofsklatscher« und den anderen zum Hetzer? Was bringt Menschen dazu, Hasskommentare zu schreiben, Politikern zu drohen, eine ganze Branche mit Worten, die eindeutig den Nationalsozialisten zuzuordnen sind, zu verunglimpfen?

Und was bringt im Gegensatz dazu jemanden wie den Schweizer Michael Räber dazu, im Sommer 2015 seinen Urlaub in Griechenland abzubrechen, spontan sein ganzes Leben umzukrempeln, über Monate auf ein Einkommen zu verzichten, um vor Ort zu helfen? Seine Organisation schwizerchrüz.ch, die zunächst nur aus Familienmitgliedern bestand, umfasst heute einen großen Helferkreis und engagiert sich umfassend für die Rechte und das Wohlergehen derer, die aufgrund der Schließung der Balkanroute in Griechenland festsitzen.

Warum tut er das, während andere sich überhaupt nicht von dem Elend tangieren lassen, das sich vor unseren Türen abspielt?

Das sind Fragen, die mich beschäftigen und denen ich nachgehen will, weil ich die Hoffnung habe, dass sich in den Antworten Lösungen für unsere Zukunft verbergen.

Es scheint den wenigsten bewusst zu sein, oder wenn, wird es kollektiv verdrängt: Es kann so nicht weitergehen. Wir können unseren Reichtum nicht dauerhaft zulasten anderer Menschen vermehren. Wir können jene, die wir über Jahrzehnte ausgebeutet haben, nicht davon abhalten, sich auf den Weg zu machen. Christoph Sieber meint hierzu: »Wir wissen, dass unser Wohlstand auf Unrecht aufgebaut ist. Wir wissen, dass wir die Erde zerstören und wir können auch längst nicht mehr ignorieren, dass andere arm sind, weil wir reich sind. Wir werden uns nicht rausreden können, mit dem immer gleichen ›Davon haben wir nichts gewusst‹.«

# 2. UNSER VOLLES LEERES LEBEN – EINE BESTANDSAUFNAHME

## DER »BESSERE« PASS

Als Journalistin könnte ich seitenlang über die sogenannte Flüchtlingskrise schreiben. Sie lesen es und sind informiert, aber es berührt Sie nicht. Sie lesen darüber, dass gerade wieder ein Boot mit 700 Menschen an Bord im Mittelmeer gesunken ist, dass in den ersten sechs Monaten des Jahres 2016 bereits 3694 Menschen ihr Leben verloren haben oder als vermisst gelten. Sie sehen vielleicht sogar die Bilder: gekenterte Boote, verzweifelte Menschen, Leichen am Strand. Aber es bleibt – anders als bei der kleinen Emma am Anfang – abstrakt.

Auch die Tatsache, dass sich die vielen Geflohenen nach der Schließung der Balkanroute und der Auflösung Idomenis irgendwo in Griechenland in Lagern aufhalten, ist den meisten bekannt. Diese Information reicht aus, um die »Krise« in der öffentlichen Wahrnehmung erst einmal als gelöst abzutun. »Sie sind ja versorgt. Und so etwas wie Idomeni gibt es jetzt Gott sei Dank nicht mehr«, so der Tenor.

In den Nachrichten sind die Geflohenen, die jetzt in Griechenland mehr oder weniger interniert sind, schon kein Thema mehr. Dass die Ausstattung der Lager, die Versorgung und medizinische

Betreuung menschenunwürdig sind, kommt hier in Deutschland nicht an. Im Grunde erreicht es nur diejenigen, die in irgendeiner Form involviert sind. Ehemalige oder aktive Helfer, Spender oder einen kleinen Kreis von Interessierten.

Ich kann ohne zu übertreiben sagen, dass die Situation für die Geflohenen katastrophal ist. Im Juni 2016 wurde durch eine privat organisierte Rettungsaktion ein kleiner Junge aus Griechenland ausgeflogen, der bereits zu schwach war zum Weinen oder zum Schreien. Er war völlig unterernährt, wog nur vier Kilo – normal für sein Alter wären acht Kilo. Das ist ein Beispiel von vielen.

Die Bilder, die ich jeden Tag sehe, weil ich nach wie vor mit Hilfsorganisationen und Ärzten vernetzt bin und nahezu stündlich Liveberichte aus Griechenland über mein Handy laufen, lassen mich an manchen Tagen wirklich fast verzweifeln. Wir diskutieren hektisch darüber, wie wir den »Terror« bekämpfen können – und schaffen selbst die Keimzellen dafür. »Ein sicheres Mittel, die Leute aufzubringen und ihnen böse Gedanken in den Kopf zu setzen, ist, sie lange warten zu lassen. Dies macht unmoralisch«, sagte Friedrich Nietzsche.

Ich frage mich, was wir diesen Menschen, die schon so viel Grauen erlebt haben, antun. Und dann sehe ich den Gegensatz – mein Leben hier. Mache mir bewusst, dass ich alle Freiheiten dieser Welt habe. Ich kann reisen, frei wählen, entscheiden, wo und wie ich wohnen oder leben möchte. Ich kann mich weiterbilden, kann vor einem Regal stehen und mir stundenlang überlegen, welche Sorte Käse ich von den angebotenen 120 nehme – und ich muss keine Angst haben, dass ich meine Kinder nicht mehr ernähren kann. Ich muss mich auch nicht davor fürchten, dass ich krank werde und vielleicht an einer Lappalie sterbe, weil nicht rechtzeitig ein Arzt vor Ort ist oder niemand sich berufen fühlt, mir die richtigen Medikamente auszuhändigen.

Vorfälle dieser Art sind derzeit in Griechenland an der Tages-ordnung. Sie schaffen es allerdings nicht in die Presse. Es kommt auch nicht an, dass sich 600 Kinder und Erwachsene über Wochen die Haut am gesamten Körper blutig kratzen, weil eines der Lager, in dem sie für unbestimmte Zeit untergebracht sind, direkt neben einem Tümpel liegt, der von Mücken übervölkert ist und die Poli-zei die Hilfslieferung mit Mückenspray nicht freigibt.

Wir dagegen gehen in eine Apotheke und kaufen uns, was wir brauchen. Wir können auch unsere Meinung sagen, wenn uns et-was nicht passt, ohne dafür geschlagen oder eingesperrt zu wer-den. Wir können arbeiten, Geld verdienen, uns ein Leben aufbau-en, für unsere Kinder vorsorgen. All das können diese Menschen nicht.

Was unterscheidet uns von ihnen? Warum werden sie anders behandelt als wir?

Der ze.tt-Redakteur Daniel Sager etwa erzählt in einem Artikel über seine Erfahrungen mit dem unterschiedlichen Wert von Le-ben. Während einer Recherchereise durch weit abgelegene Gebiete Indonesiens erkrankt er schwer und erlebt dadurch, welches Privi-leg es ist, einen deutschen Pass zu besitzen.

Sager schreibt: »Ich war peinlich berührt – und stellte mir dann ebenfalls Fragen: Wie kann es sein, dass die sozialen Strukturen meiner Heimat derart gut sind, dass sie bis auf diese Seite der Erde reichen und gleichzeitig hier, auf Lembata, quasi gar keine vorhan-den sind? Mein Leben hat doch keinen höheren Wert als das der Menschen auf dieser Insel. Im Mittelmeer ertrinken jährlich Zehn-tausende Menschen, die auf der Flucht sind. Und mich holt ein Flugzeug von einer Insel, weil ich schwer krank bin?«[4]

Mir geht es oft ähnlich wie Daniel Sager. Wenn ich die Bilder sehe oder vor Ort bin, dann kann ich nicht verstehen, warum es so schwer sein soll, diese Zustände zu ändern. Und ich begreife nicht, warum mein Leben wertvoller sein soll als das einer Syrerin, Jesidin oder Iraki, die ihre Heimat aufgeben musste. Ich kann auch nicht ertragen, dass es immer wieder passiert, dass politische oder diplomatische Interessen Vorrang vor Menschenleben haben.

Es gibt in unserer Geschichte einige Beispiele, bei denen sich dieses Taktieren ganz deutlich zeigt. Wo im Nachhinein angesichts der kriminellen Vertuschungsenergie oder der beabsichtigten Blindheit der Behörden oder Regierungen das große Kopfschütteln und Entsetzen ausbrach.

Die nach wie vor nicht geklärten Vorkommnisse in der Colonia Dignidad in Chile sind ein Beispiel dafür. Die Colonia wurde in den 70er-Jahren vom vorbestraften und pädophil veranlagten deutschen Staatsbürger Paul Schäfer in der Nähe von Santiago de Chile gegründet. Über 25 Jahre missbrauchte er dort Kinder, folterte Erwachsene und zwang sie zum Arbeitsdienst. Als »Wohltätigkeits- und Bildungsgemeinde Würde« unter anderem für Auslandsdeutsche gegründet, entwickelte sich die Colonia Dignidad zu einem Ort des Schreckens. Das war auch – spätestens, nachdem einigen Bewohnern die Flucht gelungen war – kein Geheimnis mehr, und doch geschah nichts.

Unter dem Deckmantel der chilenischen und der deutschen Regierung konnte Schäfer entführen, foltern und missbrauchen. Warum? Weil sich aufgrund der politischen Lage niemand imstande sah, dagegen vorzugehen. Es herrschte der Kalte Krieg, sodass diplomatische Beziehungen zu Despoten kein Hinderungsgrund waren, die militärischen Interessen des eigenen Landes durchzusetzen. Menschenleben wie das der Bewohner der Colonia Dignidad zählten nicht.

Erschreckend, wie sich Geschichte wiederholt. Wie Deals über Menschenleben geschlossen werden. Wie Geflohene wie Waren hin und her geschoben werden.

Was ist ein Leben wert? Wird uns nicht allen beigebracht, wie kostbar das Dasein ist? Warum handelt man nicht nach humanistischen Grundsätzen, sondern zu oft nach Profit- oder Politikinteressen?

Das sind Fragen, auf die viele Menschen händeringend Antworten suchen. Wenn ich das Leid sehe, das durch rationales Taktieren verursacht wird, packen mich oft kindliche Verzweiflung und tiefer Schmerz.

## GEFÜHLE WIE WUT VERSCHWINDEN NICHT EINFACH

Natürlich zwingt mich niemand, Anteil zu nehmen. Aber für mich gibt es keine Alternative. Ich könnte mir selbst und meinen Kindern nicht in die Augen schauen, wenn ich tatenlos zusehen würde. Es macht mich wütend und traurig zugleich, erleben zu müssen, wie Menschenrechte mit Füßen getreten werden. Ich spüre das regelrecht körperlich. Darum ist zu helfen für mich keine Option, es ist ein Muss. Außerdem habe ich im Laufe meines Lebens gelernt, dass ich mir im Schmerz der anderen selbst begegnen kann.

Was aber heißt das, sich selbst zu begegnen? Es gibt in der Persönlichkeitspsychologie eine Arbeitsmethode, die den Unterschied zwischen Selbst- und Fremdwahrnehmung aufzeigt. Das Johari-Fenster, das nach seinen Entwicklern, den amerikanischen Sozialpsychologen Joseph Luft und Harry Ingham benannt wurde. Es veranschaulicht durch vier Fenster, wie authentisch ein Mensch durch sein Leben geht. Wie sehr er sich zeigt, wie sehr er geheim oder öffentlich ist – und wie groß sein blinder Fleck in Bezug auf sein eigenes Wesen ist. Jeder von uns trägt Anteile in sich, die er selbst nicht kennt. Weil er sie nie gelebt hat oder sie nie gefördert wurden. Mithilfe von Begegnungen können sie uns gespiegelt werden, weil andere diese Anteile in uns sehen oder sie sozusagen »herauskitzeln«.

So gehen wir in Resonanz. So spiegelt der Schmerz, den die Geflohenen in sich tragen – weil sie die Grauen eines Krieges miterleben mussten oder eine dramatische Flucht hinter sich haben –, uns in der Begegnung unsere eigenen Verlustschmerzen. Etwas, das wir zum Beispiel als transgenerationales Erbe des Zweiten Weltkriegs in uns tragen, ohne dass es uns bewusst ist. Durch solch eine Begegnung lernen wir uns selbst besser kennen, verkleinern sozusagen den blinden Fleck. Das ist eine Bereicherung und berührt eine ganz tiefe menschliche Ebene.

Andersherum können Freude oder Liebe, die uns entgegengebracht werden, uns an erfahrene Lieblosigkeit im eigenen Leben erinnern. In diesem Moment müssen wir sie meist abwehren, damit uns der Schmerz nicht überwältigt. Aber es gibt Situationen, in denen uns das nicht gelingt. Der Psychologe und Autor Hans-Joachim Maaz schreibt: »Manchmal wird etwas davon erkennbar, etwa wenn ein Sieger auf dem Podest ›Freudentränen‹ weint [...] Es ist dagegen der Schmerz, der plötzlich aufsteigt, wenn im Augenblick des höchsten Triumphes die ungestillte Sehnsucht nach Annahme und Anerkennung durchbricht, die ja gerade die unbewusste Motivation lieferte, alle unmenschlichen Strapazen und Entbehrungen in Kauf zu nehmen, um endlich mal das oberste Treppchen zu erreichen.«[5]

In der Art, wie wir auf das Leiden anderer reagieren, zeigen sich unsere tiefsten Muster. Unsere Reaktion offenbart, welche Lösungsstrategien wir verinnerlicht oder eben nicht erlernt haben, wie empathisch wir sind, ob und wie wir selbst Gewalt erfahren haben – und wie unsere kindlichen Bedürfnisse erfüllt wurden.

Flucht oder Kampf. Gleichgültigkeit oder Mitgefühl. Das sind Strategien, die auf unsere frühesten Erfahrungen verweisen. Es sind nicht Meinungen oder Gedanken, die unser Handeln primär steuern. Vor dem Denken stehen archaische Gefühle. Sie richten den

Kompass aus, nach dem wir unsere Segel setzen. Sie bestimmen unsere Gedanken, die wiederum Gefühle auslösen und unser Handeln leiten. *Fühlen – Denken – Fühlen – Handeln* heißt die Kette.

»Das Gefühl, das limbische System, hat nämlich das erste und das letzte Wort. Das Gefühl erzeugt in uns Wünsche, Pläne und Absichten und stößt damit unser bewusstes Denken an. Und zwar wird unser Denken, unser Verstand, unsere Vernunft immer dann eingesetzt, wenn Gefühle keine fertigen Rezepte haben, wenn etwas so komplex ist, dass die Gefühle damit nicht fertigwerden«, erklärt Gerhard Roth.[6]

Es bringt uns also nicht weiter, krampfhaft um Vernunft und Rationalität zu ringen. Sie sind nur ein Puzzleteil eines viel größeren Bildes, das von Gefühlen geprägt ist. Ihnen sollten wir Beachtung schenken.

Jemand, der sich an Bildern von weinenden Kindern ergötzt und Freude daran hat, andere leiden zu sehen, der den Menschen vielleicht noch mehr Grauen wünscht, hat vermutlich selbst Leid erlebt oder ist krank. Hass oder Wut, die eigentlich einen anderen Adressaten hätten, auf wehr- oder hilflose Personen abzuwälzen, ist nichts anderes als eine fehlgeleitete Bewältigungsstrategie, ein kraftvoller Abwehrmechanismus, um dem eigenen Schmerz oder dem Selbsthass zu entkommen. Das entschuldigt destruktive Aggressivität nicht, aber es erklärt sie ein Stück weit.

Wenn ich tagtäglich die Bilder aus Kriegsgebieten in Syrien oder aus Lagern in Griechenland sehe, habe ich immer das dringende Bedürfnis, etwas zu tun. Mich nicht abzulenken, sondern etwas in die Wege zu leiten, das der Sache dient. Es ist meine Art, den eigenen Schmerz und meine Wut zu bewältigen. Sie werden später lesen, dass es gerade für Helfer wichtig ist, zu hinterfragen, aus welcher Motivation sie helfen. Ich will nicht wegschauen, sondern handeln. Irgendetwas tun.

Ich weiß, dass ich den »besseren« Pass habe, also will ich dieses Privileg einsetzen. Trotzdem stoße ich manchmal an Grenzen. Dann habe ich das Gefühl, dass es mir über den Kopf wächst. In dem Fall ist Schreiben ein Kanal, eine Möglichkeit, den inneren Kämpfen und Sinnfragen eine Gestalt zu geben. Aber es gibt Tage, da hilft selbst das nicht. Und wenn ich mich dann umschaue und sehe, dass andere diesen Drang, sich aufzulehnen, gar nicht spüren, dann brechen sich Unverständnis oder Wut ungefiltert Bahn. Dann schimpfe ich darüber, dass viele so lethargisch sind. Dass sie nichts gegen die unzumutbaren Umstände oder Ungerechtigkeiten unternehmen, die Dramen einfach ausblenden und das neue Handy mehr Bedeutung hat als ein leidendes Kind in Griechenland.

Dass ich so reagiere, ist interessant. Es zeigt, dass eine bestimmte Art der Wut ihren Ursprung in Hilflosigkeit und Verzweiflung hat. Gefährlich wird es immer, wenn diese Wut in destruktive Aggression umschlägt – und die gibt es auf der Helferseite, auf der Seite der radikalen »Flüchtlingsgegner« und auch bei radikalen Vertretern der Willkommenskultur. Ich behaupte, würde man die Psyche der drei Gruppen auf ihre Essenz reduzieren, würden wir sehen, dass es im Kern um das Gleiche geht. Die Abwehr der Hilflosigkeit. Verschieden sind nur die Fronten und die Art und Weise, wie man den inneren Feind bekämpft.

Der Vorfall im Berliner Landesamt für Gesundheit und Soziales – der Erstanlaufstelle für Geflohene in Berlin – ist ein deutliches Beispiel für destruktive Aggression bei Helfern. Ein Helfer hatte aus purer Verzweiflung über die menschenunwürdigen Zustände in der Einrichtung das Gerücht gestreut, es hätte einen Toten gegeben. Ein Mann wäre, nachdem er tagelang angestanden hatte, um sich registrieren zu lassen, einfach zusammengebrochen. Das Gerücht verbreitete sich wie ein Lauffeuer – und seitens der Behörden setzte man alle Hebel in Bewegung, um den Vorfall aufzuklären. Der Schwindel flog schnell auf, und der Helfer wurde von vielen beschimpft und verurteilt. Wer allerdings die Zustände in Moabit über Wochen und Monate erlebt hat, wer das Versagen von Behörden und Politik tagtäglich abgefangen hat, der kann verstehen, was diesen Mann bewogen hat, so zu handeln. Er hat seiner Wut ein Ventil gegeben.

Es ist ganz offensichtlich, dass jene, die helfen, buchstäblich verbrannt werden. Indem die Staatengemeinschaft das, was sie eigentlich gemeinsam leisten sollte, auf Hilfsorganisationen, Volontäre und Einzelpersonen abwälzt, entziehen sie sich nicht nur ihrer Verantwortung, sondern lassen die eigenen Leute, die sich engagieren, ihr Bestes geben, die Menschenleben retten, schlichtweg im Stich. Dabei war der Bürgerkrieg in Syrien bereits vier Jahre lang im Gange, bevor die Flüchtlingszahlen emporschnellten. Niemand kann sich damit herausreden, er habe nicht gewusst, was auf uns zukommt.

Hat irgendein Politiker einmal mit der Faust auf den Tisch gehauen und laut gefordert, dass endlich Schluss sein muss mit der Diffamierung? Hat irgendjemand ein Hilfsangebot, eine therapeutische Betreuung für die angeboten, die über Monate hinweg im Berliner Landesamt für Gesundheit und Soziales dafür gesorgt haben, dass niemand zu Schaden kommt? Dass die Menschen mit dem Nötigsten versorgt sind? Statt Unterstützung wurden den Freiwilligen Steine in den Weg gelegt. Die Hilfsangebote für Helfer in Form von psychologischer Betreuung wurden letztendlich aus den eigenen Reihen organisiert.

Ein Grund, warum andere Menschen wegschauen oder sich ablenken, ist, weil sie Angst vor ihrer eigenen Verzweiflung, Hilflosigkeit und auch vor ihrer Wut angesichts der Geschehnisse haben.

Im Grunde spüren die meisten Menschen ihre Gefühle, aber sie unterdrücken sie, weil sie sich selbst nicht vertrauen. Weil sie Angst vor einer Affektreaktion haben.

Erinnern Sie sich an eine Situation, in der Sie als Kind Ihrer Wut ungehemmt freien Lauf gelassen haben? Ich bin ziemlich sicher, dass das nicht ohne Konsequenzen abgelaufen ist. Niemand wird Sie dafür gelobt haben, dass Sie Ihre Gefühle zeigten. Im Gegenteil. Wahrscheinlich hat man Sie bestraft. Für eine natürliche und menschliche Reaktion bestraft zu werden hinterlässt das Gefühl, »böse« oder »nicht richtig« zu sein. Also verbieten wir uns diese Reaktion.

Hinzu kommt, dass wir intuitiv wissen, dass wir in Momenten der Wut an Grenzen stoßen, die plötzlich vieles radikal infrage stellen und einer Sinnprüfung unterziehen. Im Zusammenhang mit den aktuellen Ereignissen kann das das eigene Leben, die Politik oder unser Umgang miteinander sein. Es gibt Phasen im Leben, in denen wir nicht offen dafür sind. In denen wir einfach nicht über die Ressourcen verfügen, uns dem zu stellen. Meist ist es aber eher eine gewisse Bequemlichkeit und vornehmlich Angst, die uns daran hindert, der Realität ins Auge zu sehen.

Die Begegnungen mit Menschen, die alles zurückgelassen haben, können, wenn man dafür offen ist, auf einer sehr tiefen Ebene ergriffen machen. Sie bringen zwangsweise Gefühle an die Oberfläche. Es ist nicht möglich, zehn nasse und verängstigte Kinder aus einem Schlauchboot zu tragen, ohne dass man von ihrem Schicksal berührt wird.

Allerdings wurden den wenigsten von uns in ihrer Kindheit Wege aufgezeigt, solche Herausforderungen zu meistern, also zum Beispiel Wut oder Trauer zu fühlen, sie zu dulden und dadurch konstruktiv umzuwandeln, sie in etwas zu kanalisieren, das nicht zerstörerisch ist.

Stattdessen haben wir gelernt, Emotionen zu unterdrücken und wurden bestraft oder verlacht, wenn sie sich zeigten. Dabei ist zum Beispiel Wut eine wichtige Triebkraft. Sie stößt Veränderungen an. Sie zu unterdrücken kostet enorm viel Kraft – und im schlimmsten Fall entlädt sie sich in Situationen, die mit der eigentlichen Quelle der Wut überhaupt nichts zu tun haben. Dann bricht sie heraus und hinterlässt ein Feld der Zerstörung.

Die Ereignisse im sächsischen Clausnitz im Februar 2016, als ein grölender Mob einen Bus umzingelte und die Geflohenen darin verängstigte, sind ein gutes Beispiel dafür.

Keiner von denen, die mit Schaum vor dem Mund Parolen brüllten, hatten einen konkreten Anlass, wütend auf die ihnen völlig unbekannten Kinder, Frauen oder Männer zu sein. Was sich dort Bahn gebrochen hat, war eine alte, unterdrückte Wut, die unter dem Deckmantel der Gemeinschaft endlich herausgebrüllt werden konnte. Diese Aktion war nicht Ausdruck eines aktuellen Gefühls. Sie war ein vorbereiteter Akt von Hass, der durch lange zuvor aufgestaute Wut befeuert wurde.

Auch die sogenannten Wutbürger zeigen dieses Verhalten. Ihre Wut ist nicht konstruktiv, sie verändert nichts, weil es in dem Protest lediglich darum geht, einen Zustand zu wahren. Nichts zu verbessern, Neues nicht zuzulassen. So wie in Clausnitz der wütende Mob grölt »Wir sind das Volk« und »Ausländer raus«.


## GEFLOHENE ALS BEDROHUNG

Abgesehen von dem unglaublichen Hasspotenzial, das diese Menschen offensichtlich in sich tragen, frage ich mich immer: Wovor haben sie konkret Angst? Was können 30 neue Bewohner aus Syrien, die vor Bombenterror geflohen sind, ausrichten, was in irgendeiner Form eine Bedrohung darstellen würde? Man kann diese Frage drehen, wie man will, es gibt darauf keine Antwort. Die Bedrohung ist nichts als eine Behauptung, die von hetzenden Populisten inszeniert und aufgestellt wurde. Auch nach den Anschlägen von Würzburg und Ansbach gibt es keinen Grund,

Hassparolen zu brüllen oder – wie einige Politiker – sofort nach Abschiebungen, verschärften Sicherheitsvorkehrungen und noch mehr Überwachung zu rufen. Anfang Juli tötete ein deutscher Mann seine Frau und seine zwei Kinder mit einem Beil. Das nennen wir Beziehungstat. Niemand würde auf die Idee kommen, deshalb mehr Polizei einzusetzen und Frau Merkel zum Rücktritt aufzufordern. Hier wird also offensichtlich mit zweierlei Maß gemessen.

Ich habe vor einiger Zeit über mein Facebook-Profil gebeten, man möge mir sagen, inwieweit die »Flüchtlingskrise« bisher das Leben meiner Kontakte tangiert hat. Ob sie irgendwelche Entbehrungen erlebt hätten, auf irgendetwas verzichten müssten, ganz konkrete Einschränkungen erfahren haben. Ob weniger Geld auf ihrem Konto liegt oder die Butter im Supermarkt knapp wird. Abgesehen von den üblichen Befürchtungen wie: »Man könnte sich als Frau nicht mehr alleine auf die Straße trauen« und der Tatsache, dass einige Kinder in ihren Sporthallen nicht trainieren konnten, weil sie temporär als Notunterkünfte eingerichtet wurden, kam nichts.

Warum nicht? Weil niemand von uns in irgendeiner Form direkt betroffen ist – es sei denn, er oder sie engagiert sich als Helfer. Dass das Geld, das in die Flüchtlingshilfe fließt, aus Kassen abgezogen wird, die ansonsten uns – also dem Volk – zugutegekommen wären, ist eine Geschichte, die sich immer dann gut erzählen lässt, wenn es darum geht, Ressentiments zu schüren. Läge es uns am Herzen, die ungerechte Verteilung von Staats- oder Steuergeldern anzuprangern, wäre es angebracht, zu hinterfragen, mit welcher Begründung der Verteidigungsetat bis zum Jahr 2020 von 34,3 auf 39,2 Mrd. Euro ansteigt. Nur zum Vergleich: Der Etat für Bildung wurde für das Jahr 2017 auf 17,6 Mrd. Euro festgesetzt. Läge uns die Verteilung von Reichtum wirklich am Herzen – warum demonstrieren dann nicht Hunderttausende für eine gerechtere Besteuerung? Wohl, weil es uns noch zu gut geht.

Also – warum stellen die Geflohenen eine Bedrohung dar? Weil sie den Terror nach Deutschland bringen? Das ist eine seltsame Verdrehung der Realität, denn diese Menschen sind vor dem Terror geflüchtet. Richtig ist, dass sie uns die Geschichten des Terrors mitbringen und dadurch die Distanz auflösen, die wir bis jetzt zum Kriegsgeschehen hatten. Es wäre wichtig, diese Menschen gut zu integrieren und ihnen passende Angebote zur Verfügung zu stellen, damit sie die Chance haben, ihre verletzten Seelen zu heilen. Sonst kann es – wie in Frankreich oder Belgien – geschehen, dass sich die nächste Generation, die sich immer noch heimatlos und verloren fühlt, radikalisiert.

Das zu verhindern haben wir in der Hand. Aber dazu braucht es den Willen zu Umgestaltungen und Neuerungen. Doch dieses Veränderungspotenzial tragen die, die »Wir sind das Volk« brüllen, nicht in sich. Statt die Chancen zu sehen, wird gemauert und für ein Leben gekämpft, von dem jeder in der Tiefe weiß, dass es nicht glücklich macht. Aber um sich mit dieser schmerzlichen Wahrheit nicht zu konfrontieren, ist die Brülltaktik perfekt. Laut der Leipziger Studie »Die enthemmte Mitte« wünscht sich jeder zehnte Deutsche einen Führer, der das Land zum Wohle aller mit starker Hand regiert.[7]

Willkommen in der Vergangenheit, kann man da also sagen.

## ALTERNDE GESELLSCHAFT

»Die deutsche Bevölkerung ist heute eine fragile, ängstliche und weitgehend erstarrte Bevölkerung« sagte Meinhard Miegel am 17. März 2016 auf einem Kongress in Frankfurt zum Thema »Folgen des demografischen Wandels für Gesellschaft und Wirt-

schaft«. Man kommt – so seine Aussage – an der »Flüchtlingspro-
blematik« nicht vorbei, wenn man sich mit Demografie beschäftigt. Miegel, Sozialwissenschaftler und Publizist, geht davon
aus, dass die deutsche Bevölkerung zukünftig jährlich um die Ein-
wohnerzahl Frankfurts schrumpft – also um rund eine halbe
Million. Würde man, so Miegel, die negative Entwicklung durch
den Zustrom von Geflüchteten ausgleichen wollen, müssten jährlich zwischen 500 000 und einer Million Menschen in unser Land
kommen.

Das, was die Umsetzung dieser Tatsache unter anderem so
schwierig macht, ist gar nicht die Quantität – also die hohe Zahl –,
sondern die Altersstruktur in unserem Land. Das sogenannte
Median- oder Durchschnittsalter liegt in Deutschland bei 46 Jahren
– und es steigt weiter. Miegel erklärt, dass es eine Zuwanderung,
wie wir sie derzeit erleben also eine von so vielen jungen Menschen
in eine alternde, schrumpfende Gesellschaft –, in der Form noch
nie gegeben hat. Bisher erfolgte Zuwanderung stets in eine expan-
dierende, wachsende und junge Gesellschaft. Schon allein dadurch
wird klar, dass wir vor einer großen Herausforderung stehen und
dass der menschliche Satz Angela Merkels »Wir schaffen das« viele
schlichtweg überfordert hat. Das sollte allerdings kein Grund sein,
stehen zu bleiben und die alten Zustände zu sichern.

Was der »Wutbürger« oder »besorgte Bürger« negiert, ist, dass
die Jugend in diesem Land auf die Veränderungen und auf Zuwanderung angewiesen ist. Dass sich bestimmte Prozesse nicht aufhalten lassen – und dass wir darauf Antworten statt Hassparolen
brauchen. Um das Rentenniveau auch nur annähernd zu halten,
ist es notwendig, dass junge Menschen in die Rentenkassen ein-
zahlen. Will die »Generation Babyboomer« im Alter gepflegt werden, ist es erforderlich, dass wir uns jetzt darüber Gedanken machen, wer diese Aufgaben übernimmt, denn schon heute suchen
die Pflegestationen händeringend Personal. Es gibt trotz vieler

Fachschul- und Universitätsabgänger einen Fachkräftemangel in unserem Land. Und fragt man in Handwerksbetrieben, Gaststätten oder sozialen Einrichtungen nach, zeigt sich, dass viele Stellen unbesetzt sind und bleiben, weil sich niemand bewirbt.

## CHANCE STATT BEDROHUNG

Die Chance, die in der derzeitigen Entwicklung liegt, scheint für viele nicht erkennbar. Wut und Ressentiments wirken wie eine Mauer. Sie lassen denjenigen, der darin gefangen ist, vorwiegend um sich selbst kreisen. Daran krankt unsere Gesellschaft – am Unwillen zum Wandel. Dieser äußert sich in der Abwehr gegen die Geflohenen. Denn sie stehen für die Veränderung. Mit ihnen brechen erstarrte Strukturen plötzlich auf. Defizite zeigen sich – und es ist ein Lehrstück, das wir derzeit erleben, welche Mechanismen in Kraft gesetzt werden, um die Zeit und die Entwicklung anzuhalten und einen Status quo zu wahren, der uns ohne Umwege an den Abgrund führt. Wirklich plakativ dafür war der Ausspruch von Alexander Gauland, stellvertretendem Vorsitzenden der AfD, der am 5. Juni 2016 als Talkgast bei Anne Will sagte: »Ich möchte dieses Land, wie wir es von unseren Vätern ererbt haben. Und so soll es bleiben.« Fragt sich, was er damit gemeint hat. Das Deutschland der 40er- oder 50er-Jahre?

Dass das Wirtschaftswachstum hier nach wie vor gefeiert wird und manche diesen Status gern bewahren wollen, sollte nicht darüber hinwegtäuschen, dass die Jugend heute schon lange nicht mehr die Möglichkeiten hat, die ihre Elterngeneration ausschöpfen konnte. Den Wohlstand ihrer Eltern werden die wenigsten Jugendlichen erreichen. Wenn ein Staat nicht in Bildung investiert, so wie wir es momentan in Deutschland erleben, dann schadet er damit den nachfolgenden Generationen. Dass die gut gefüllten

Kassen von Finanzminister Schäuble geschlossen gehalten werden, wird sich in der Zukunft rächen.

»Was unseren Kindern und unseren Enkeln fehlen wird, sind solide Schulen, sind Wohnungen, die bezahlbar sind, ist eine gute öffentliche Infrastruktur«, so die Kritik des Linken-Parteichefs Bernd Riexinger.[8]

Aber es sind nicht nur die »Alten«, die Veränderungen blockieren, auch viele junge Menschen sehen die Chancen nicht, die sich gerade bieten. Dass sie die Zukunft aktiv gestalten können und sollten, blenden viele aus. Anders als die »Wutbürger« stecken sie den Kopf eher in den Sand, kreisen um sich selbst und ziehen mit Scheuklappen »ihr Ding« durch. Das heißt in der Regel, dass sie ebenso wie ihre Eltern auf Sicherheit setzen. Einerseits, um den Eltern gerecht zu werden, andererseits, weil sie gelernt haben, dass eigentlich nichts mehr sicher ist. Umso mehr klammern sie sich an konservative Werte und Haltungen, statt zu hinterfragen und zu rebellieren. Mitgefühl oder Interesse an dem, was da vor den Türen des eigenen Landes passiert, zeigt nur ein sehr kleiner Teil. Der andere – obwohl häufig mehrsprachig global erzogen – blendet das Elend und die Not anderer konsequent aus. Die junge Generation hat sich von der Angst der Älteren anstecken lassen. Wir haben die Furcht vor der Zukunft durch Erziehung und Bildung in ihren Köpfen zementiert. Obgleich sie so weltoffen scheinen, rund um den Globus reisen, sind viele Jugendliche in ihren Köpfen konservativer und starrer als ihre Eltern.

Zwischen den Jugendlichen und der älteren Generation liegen noch die heute 30- bis 40-Jährigen. Sie, die sogenannten Millennials, tun sich ebenso schwer damit, sich für die Welt, die Gemeinschaft oder eben die Geflohenen einzusetzen. Sie sind eine Generation, die extrem lustbezogen agiert. Die Auseinandersetzung mit Gefühlen hat da wenig Platz. Selbstoptimierung dagegen schon.

Warum? Weil auch sie gelernt haben, dass das Leben nicht mehr so sicher ist wie das ihrer Eltern. Der Soziologe Klaus Hurrelmann sagt dazu: »Diese Generation hat durch Ereignisse wie den 11. September, Fukushima und die Wirtschaftskrise gelernt, dass nichts mehr sicher ist.« Sie passe sich deshalb lieber dem System an und optimiere ihre Ausgangslage.[9]

Großartig ist, dass es in allen genannten Generationen Menschen gibt, die nicht wegschauen, sondern überlegen, wie sie sich einbringen können, und dementsprechend handeln. Das zeigen Initiativen wie der »Dresden-Balkan-Konvoi«, eine Nichtregierungsorganisation, die von Studenten gegründet wurde. Der DBK hat ursprünglich in Idomeni Tee und Essen gekocht und ausgegeben, derzeit organisieren die Mitglieder die »Mission Lifeline Seenotrettung«, um Flüchtende, die im zentralen Mittelmeer in Seenot geraten, zu retten.

Ein anderes Beispiel ist das Modellprojekt »Über den Tellerrand kochen«, das 2013 gegründet wurde. Die Idee dahinter ist, dass Geflohene und Einwohner gemeinsam kochen und sich so nicht nur persönlich näherkommen, sondern über das gemeinsame Kochen und Essen Integration ganz von selbst geschieht. Die Philosophie von »Über den Tellerrand kochen« ist laut eigener Aussage: »Eine gemeinsame Zukunft aus Geflüchteten und Beheimateten zu gestalten und Integration zu einem nachhaltigen Prozess zu machen, an dem alle Gesellschaftsgruppen aus eigenem Interesse teilhaben.« Dazu veranstaltet »Über den Tellerrand kochen« nicht nur Kochkurse, sondern sie publizieren Kochbücher mit Rezepten aus aller Welt und führen die Einnahmen zu einem großen Teil der aufgebauten Community zu.

Und noch ein Beispiel: Als ich das zweite Mal auf Lesbos war, gehörten zwei über 70-jährige Frauen zum Volontärteam. Sie haben tatkräftig angepackt und gezeigt, dass Engagement überhaupt keine Frage des Alters ist.

## DER KALKULIERTE TOD

Diese Beispiele zeigen, dass es offensichtlich Menschen gibt, bei denen das Leid und die Situation, in der sich die Geflohenen befinden, nicht nur einen Denkprozess auslösen, sondern auch zum Handeln motivieren. Andere scheinen dafür blind. Das liegt vor allem daran, dass selbst wenn hier und da Informationen durchkommen, das, was die Medien überliefern, gefühlt »weit weg« passiert. So bleiben es Zahlen, Bilder. Die Informationen gehen in der Informationskonkurrenz unter, sie erreichen kaum mehr den Empfänger oder werden unbewusst herausgefiltert, noch bevor sie eine Gefühlsreaktion auslösen könnten.

Nachrichteninformationen wie die von den Toten im Mittelmeer sind höchst selten mit einer Emotion verknüpft. Selbst wenn Kinder auf den Bildern zu sehen sind, die in Rettungsdecken eingewickelt sind oder weinen, so berührt das die wenigsten, denn: »In Afrika ist es ja noch schlimmer. Dort verhungern Kinder, und überhaupt gibt es ja auch bei uns genug arme Kinder.« Mit diesen rationalen »Totschlagargumenten« würgt man jeden inneren Impuls sofort ab.

Ich würde mir wünschen, dass die Geschichten, die es über die Geflohenen zu erzählen gäbe, also das, was anders als Bilder oder Fakten wirklich berührt, nicht nur auf Panoramaseiten in der Zeitung oder in Boulevardblättern zu lesen ist. Es wäre eine Bereicherung, zu sehen, wie mutig viele ihr Schicksal angepackt, welche Widerstände sie überwunden haben – und es wäre interessant zu hören, wie sie sich ihr neues Leben vorstellen.

Ich würde mir wünschen, dass es Sendeformate gäbe, die den Einzelnen aus der Masse herausholen. Wir würden schnell sehen, dass die meisten gar nicht vorhaben, hierzubleiben. Dass sie wieder zurück in ihre Heimat möchten. Wir würden die Motivation vieler Helfer und Geflohener verstehen, sie überhaupt erst einmal kennenlernen. Das wäre eine gute Möglichkeit, Vorbehalte abzubauen oder eine Ausgangslage zu schaffen, die dafür sorgt, dass mehr Menschen bereit sind, die Geflohenen zu unterstützen.

## DER NACHRICHTENWERT UND POLITISCHE HEUCHELEI

Aus der Werbebranche wissen wir, dass Botschaften prägnant, emotional, originell, aktuell und qualitativ hochwertig sein müssen, damit sie etwas bewirken. Derzeit ist es eher so, dass sich die meisten im Laufe der Jahre an die immer wiederkehrenden Bilder von gekenterten Booten gewöhnt haben. Ein Schiffswrack vor der Küste Griechenlands oder Libyens hat keinen Neuigkeitswert mehr. In einer Zeit, in der wir tagtäglich mit Informationen und Schreckensnachrichten aus aller Welt bombardiert werden, gehen die Bilder im Alltagsgetöse unter oder werden, noch bevor sie uns in irgendeiner Form erreichen, ausgeblendet. Ich kenne mittlerweile viele Menschen, die überhaupt keine Nachrichten mehr schauen, weil sie es nicht ertragen, wieder und wieder mit dem Elend dieser Welt konfrontiert zu werden.

Der überwiegende Anteil der Deutschen hat angesichts der Fülle der einströmenden Schreckensmeldungen so etwas wie eine Betroffenheitsroutine entwickelt. *Ah, wieder Tote? Na ja, traurig. Phosphorbomben in Syrien? Oh, schrecklich. Sind die nicht verboten?* – Und dann wendet man sich etwas anderem zu.

Viele schotten sich aus Selbstschutz ab. Es kommt maximal zu einer laschen Empörung.

Am 2. Juni 2016 lag neben vielen anderen Ertrunkenen wieder ein kleiner toter Junge an einer Küste. Das Foto war keine Aufregung mehr wert – und man muss kein Prophet sein, um zu erahnen, dass auch die nächsten toten Kinder nicht mehr als »Aufmacher« taugen und uns im Herzen nicht mehr erreichen.

Und das, obwohl der Präsident des Europäischen Parlaments, Martin Schulz, bereits 2013, als 366 Menschen vor der Küste Lampedusas ertranken, sagte: »Wir können es nicht zulassen, dass noch mehr Menschen sterben. Lampedusa muss ein Wendepunkt für die europäische Flüchtlingspolitik sein.«[10]

Es war kein Wendepunkt. Denn abgesehen von den vielen Menschen, die in den Folgejahren die Überfahrt nach Europa nicht überlebten, mussten wir im August 2015 – also zwei Jahre später – erleben, wie in Österreich ein Lkw entdeckt wurde, in dem 71 Geflohene, darunter vier Kinder, qualvoll erstickt waren. Die Betroffenheit der Politiker war wieder groß.

»Wir sind alle erschüttert«, sagte Bundeskanzlerin Angela Merkel, und Innenminister Thomas de Maizière ließ am selben Tag nach Bekanntwerden des Unglücks in Nürnberg verlauten: »Dass dort viele, viele Menschen erstickten, weil verbrecherische Schleuser an diesen Menschen und unwürdigen Transportbedingungen Geld verdienen, macht mich wütend und fassungslos.«

Für mich ist das eine seltsame Verklärung. Den Schleppern für diese Tragödie den schwarzen Peter zuzuschieben und sich damit klammheimlich aus der Verantwortung zu stehlen, ist ein Paradebeispiel für die entmenschlichte und fahrlässige Politik unserer Tage. Der Jesuitenpater Jörg Alt sagte dazu: »Nicht böse Schlepper und Schleuser haben Schuld an den Flüchtlingsdramen, sondern unsere Migrationspolitik.«[11]

Im Grunde ist es so, als würde man dem Meer die Schuld an den Schiffsunglücken zuschreiben und nicht der verfehlten Politik. Die Betroffenheit ist heuchlerisch. Das zeigt sich daran, dass Europas politische Spitze, die EU als Träger des Friedensnobelpreises, die Toten und ebenso die menschenunwürdigen Bedingungen, unter denen die gestrandeten Geflohenen in Griechenland, Italien oder Frankreich leben, billigend in Kauf nimmt. Es scheint, als hätte die Politik keine andere Lösung für das Problem. 27 EU-Mitgliedsländer sind bis zum heutigen Tag nicht in der Lage, den Verteilerschlüssel umzusetzen.

Martin Schulz meinte dazu: »Wir haben 507 Millionen Einwohner in 28 Ländern. Wenn wir eine Million Menschen aufnehmen müssten und zwischen den 507 Millionen verteilen, ist das kein Problem. Wir haben eine Krise, weil sich 20 Länder nicht beteiligen.«[12]

Ungarn plant demnächst sogar ein Volksreferendum, um den Verteilerschlüssel ganz außer Kraft zu setzen. Und das, obwohl sie ebenso wie Deutschland dringend auf Zuwanderung angewiesen sind. Aber manchmal entzieht sich Politik jeder Logik und lässt damit erkennen, dass es gar nicht um Menschen geht, sondern um rationale Berechnungen. Seitens der EU wird offensichtlich alles getan, um die Geflohenen draußen zu halten.

Deutschland hat trotz der ursprünglichen Willkommenshaltung einen großen Anteil an dieser Entwicklung. Derzeit erreichen Geflohene kaum noch unser Land. Viele Notunterkünfte stehen leer. Der »Türkei-Deal« wurde nicht so umgesetzt, wie ursprünglich geplant. Seit Inkrafttreten des Abkommens hat die EU bis Juli 2016 798 syrische Flüchtlinge aus der Türkei aufgenommen, 294 kamen nach Deutschland. Vereinbart waren insgesamt 18 000. Hier in Deutschland heute noch von einer »Flüchtlingskrise« zu sprechen, ist demnach unverständlich.

Um das zu untermauern, greife ich gern die Argumentation des Schauspielers Bernhard Hoëcker auf, der im März 2016 in einer NDR-Talkshow sagte: »Eigentlich bin ich ja unpolitisch, aber im Moment haben wir ja alle Angst, dass wir von Flüchtlingen überschwemmt werden.« Dann erklärte er anhand der Zuschauerzahl, wie sich das Verhältnis von Geflohenen und Einwohnern darstellt, nämlich dass auf 120 Einwohner (so hoch war die Anzahl der Gäste im Studio) ungefähr zwei Geflohene kommen. Er ließ zwei Gäste aufstehen – und in diesem Moment wurde mehr als deutlich, dass es völlig absurd ist, angesichts dieses Verhältnisses von einer »Flut« oder »Schwemme« zu sprechen.

Ähnlich formuliert es auch der Österreicher Volker Türk, beigeordneter UN-Flüchtlingshochkommissar für Schutzfragen. In einem Zeitungsinterview mit der Zeitung »Die Presse« sagte er, dass man die Frage, ob es eine »Krise« ist, anders angehen muss, »zum Beispiel einen Blick in den Libanon werfen: Dort kann man tatsächlich von Flüchtlingskrise reden, wenn bei einer Bevölkerung von 4,5 Millionen Menschen mehr als 1,1 Millionen Flüchtlinge aufgenommen werden.«[13]

Dass die Zahlen von Geflohenen steigen würden, war lange abzusehen. Ebenso, wie man in Berlin anhand von Geburtenstatistiken ungefähr wissen müsste, wie hoch die Anzahl von Schulanfängern pro Stadtbezirk ist – und trotzdem jedes Jahr aufs Neue das große Staunen beginnt, wenn Plätze fehlen, hat die Politik das Thema »Flucht« schlichtweg viel zu lange ignoriert. Dazu Türk: »Was mich am meisten wundert, ist, wie schlecht Europa darauf vorbereitet war: Diese Fluchtbewegungen hatten sich ja schon lange angekündigt.«

Der Dokumentarfilmer Gianfranco Rosi drückt es noch drastischer aus: »Es ist nicht fair, wie in Europa mit Migration umgegangen wird. In Italien kommen seit Jahren Leute an, 450 000 Menschen in den letzten 15 Jahren allein auf Lampedusa. Und dann ist Österreich, ist Deutschland im Sommer 2015 plötzlich überrascht: Ups, die Monster kommen, die Aliens sind da und machen eine Invasion.«[14]

Statt rechtzeitig zu handeln, wälzen die aufnahmeunwilligen Staaten, wie etwa auch Österreich, die Last überwiegend auf andere Staaten – ganz akut auf Griechenland – ab, das sowieso schon kollabiert. Wer meint, dass die »Rettungsmilliarden« der letzten Jahre wirklich Griechenland zugutekamen und nun für die Flüchtlingshilfe eingesetzt werden könnten, der irrt. Lediglich 3,6 Prozent aller Zahlungen blieben tatsächlich im Land. Nur ein winziger Bruchteil davon fließt in die Hilfe für die vielen Kinder, Frauen und Männer, die jetzt in notdürftig eingerichteten Lagern untergebracht sind. Die restlichen 96,4 Prozent wurden an Banken und Versicherungen weitergereicht, was nicht Griechenland, sondern überwiegend dem Bankensystem von Deutschland und Frankreich zugutekam.[15]

Aber statt nach Lösungen zu suchen, sprechen viele Politiker immer noch davon, dass Griechenland nicht in der Lage sei, die EU-Außengrenzen zu schützen. Ein Umstand wird dabei gern unter den Tisch gekehrt: Das durch den IWF auferlegte Strukturanpassungsprogramm hat mit seinen rigiden Sparzwängen und Ausverkäufen erst dafür gesorgt, dass die Strukturen in Griechenland nicht mehr ausreichen, um eine Seegrenze zu schützen, die Geflohenen im Land annehmbar zu versorgen oder effektiv Asylgesuche zu bearbeiten. Es gab in der Zeit, als ich auf Lesbos war, einige Tage, an denen Schiffe, die Geflohene auf das Festland transportieren sollten, nicht auslaufen konnten, weil es keinen Treibstoff gab. Gleiches galt für den Küstenschutz. Aber die Verantwortung seitens der EU wird abgewälzt, und man verlässt sich darauf, dass das die wenigsten hinterfragen.

Wenn ich die Situation Europas und die Art, wie sie kommuniziert wird, anschaue, habe ich den Eindruck, dass nicht Menschen vor unseren Türen stehen, sondern die Pest. Mit ihrer Rhetorik vermitteln uns einige Politiker, dass es darum geht, Schaden von den Bewohnern der EU abzuwenden. Aber auch wenn die Haltung und die Art und Weise, wie man sich abschottet, in den einzelnen EU-Ländern unterschiedlich ist, so eint doch alle, dass es gerade nicht darum geht, die Menschen im eigenen Land vor einer »Invasion« zu schützen. Das ist eine Behauptung. Und zwar eine sehr überlegte. Es ist kein Zufall, dass Geflohene mit saurem Regen oder anderen Naturkatastrophen verglichen werden. Diese Rhetorik wird gezielt eingesetzt. Ich werde später noch auf diesen sprachlichen Aspekt zurückkommen.

Es geht auch nicht darum, den allgemeinen Zustand dieser Welt zu verbessern. Ziel der Abschottungspolitik ist einzig und allein die Sicherung des Status quo, von Wohlstand und die Sicherung der eigenen Posten und des Profits. Denn natürlich müsste man im Falle einer ansteigenden Zuwanderung in irgendeiner Form in Strukturen und Maßnahmen investieren. Dazu ist zum Beispiel Deutschland nicht bereit, denn das würde die rigiden Sparpläne der Regierung torpedieren. Wolfgang Schäuble sagte 2007, damals noch Innenminister: »Natürlich müssen wir die Hilflosen retten. Wir können ja nicht akzeptieren, dass im Mittelmeer oder auf dem Weg zu den Kanarischen Inseln die Menschen ertrinken.«

Heute ist er Finanzminister – und als solcher kann und will er sich diese menschliche Haltung im wahrsten Sinne des Wortes nicht mehr leisten. Jetzt spricht er, wenn es um Zuwanderung geht, von einer »Lawine« und davon, dass die Flüchtlingszahlen dramatisch sinken müssen, weil wir es sonst nicht mehr schaffen.

Zeigen solche 180-Grad-Wendungen die Angst der Politiker davor, das Unverständnis und den Zorn der politischen Gegner oder des Volkes auf sich zu ziehen? Ich denke ja. Menschlich zu handeln ist in unserer Gesellschaft nicht hoch genug angesehen, also gibt man als Politiker nicht nur die Richtung vor, sondern passt sich ihr auch an. Haltung und Rückgrat zu zeigen war schon immer riskant. Darum schaffen sich Politiker die Menschen, die da an unsere Türen klopfen, lieber vom Hals, um nicht allzu sehr in die

Schusslinie der Gegner zu geraten. Opium fürs Volk, um die eigenen Machtansprüche durchzusetzen.

Auch Angela Merkel hat sehr eindrucksvoll demonstriert, wie so ein Richtungswechsel aussieht, will man als Bundeskanzlerin nicht abgewählt werden. Da ruft sie aus einem wirklich menschlichen und emotionalen Impuls heraus erst: »Wir schaffen das.«

Später ergänzt sie noch: »Ich muss ganz ehrlich sagen, wenn wir jetzt anfangen, uns noch entschuldigen zu müssen dafür, dass wir in Notsituationen ein freundliches Gesicht zeigen, dann ist das nicht mein Land.«

Und noch ein wenig später bringt Angela Merkel neben der Verschärfung des Asylrechts und der Aussetzung des Familiennachzugs ein Abkommen auf den Weg, das dafür sorgt, dass Geflohene nun in Griechenland und in der Türkei festsitzen und kaum noch eine Chance darauf haben, nach Deutschland zu kommen. Ihren harschen Kurswandel bestätigte die Bundeskanzlerin im März 2016 mit den Worten: »Es gibt eben nicht ein Recht darauf, dass ein Flüchtling sagen kann: Ich will in einem bestimmten Land der Europäischen Union Asyl bekommen.«

Rechtlich gesehen ist das korrekt, trotzdem ist der Sinneswandel der Bundeskanzlerin und vieler anderer Politiker zu hinterfragen. Ebenso wie die Definition des Asylrechts. Beides bewirkt derzeit, dass Menschen sterben, dass Familien auseinandergerissen werden und die Geflohenen in einem Land festgehalten werden, in dem sie nie Fuß fassen können.


Wichtiger als Betroffenheit zur Schau zu stellen oder den eigenen Machtanspruch zu sichern ist, endlich Vorschläge zur Lösung der eigentlichen Aufgabe anzubieten: die rigorose Beseitigung der Fluchtursachen. Wenn diese »Lawine« ins Rollen kommen würde, wäre allen gedient. Wie es sich auf die Bereitschaft der Bevölkerung auswirkt, Geflohene herzlich zu empfangen, wenn Politiker sich derart drehen und plötzlich in den allgemeinen Befürchtungs- und Ängstlichkeitskanon einstimmen, zeigen aktuelle Umfragewerte. Laut einer Studie, die vom Institut für interdisziplinäre Konflikt- und Gewaltforschung der Universität Bielefeld unter dem Projektnamen »Zugleich« mit der Stiftung Mercator durchgeführt wurde, sieht »ein Drittel der Befragten Deutschlands Zukunft durch die Migration in Gefahr. Knapp die Hälfte von ihnen hat Angst, dass mit der steigenden Anzahl der Flüchtlinge in Deutschland auch die Bedrohung durch Terrorismus wächst. Fast ebenso viele Befragte wünschen sich, dass die Asylbewerber wieder ausgewiesen werden, wenn sich die Lage in ihren Heimatländern verbessert.«[16]

Das sah vor dem Frühjahr 2015 noch anders aus. Natürlich spielten die Ereignisse von Köln in diese Entwicklung mit hinein. Trotzdem kann man sagen, dass sich die Willkommenskultur innerhalb kurzer Zeit verabschiedet hat. Es brauchte nicht einmal ein Jahr, bis aus einer beherzten Entscheidung, aus einer Geste der Menschlichkeit, eine 180-Grad-Wende wurde. Und noch etwas. Der Sinneswandel vieler Politiker, die Entmenschlichung ihrer Politik, hat jene brachial vor den Kopf gestoßen, die sich anfangs in ihrem menschlichen Handeln verstanden und unterstützt gefühlt haben. Mit dem Kurswechsel der Regierungen hat der unermüdliche Einsatz der vielen Helfer, die Mitmenschlichkeit, die sie gezeigt haben, eine nicht wiedergutzumachende Entwertung erfahren.

Bis auf Norbert Blüm und Andreas Glarner von der Schweizerischen Volkspartei SVP hat sich bis heute kein einziger führender europäischer Politiker vor Ort ein Bild von der Lage gemacht. Nicht einer war dabei, als im Herbst 2015 die Boote fast im Minutentakt an der Küste von Lesbos strandeten. Nicht einer hat die Tragik live auf sich wirken lassen. Hat die Toten aus dem Wasser gezogen, die Frau getröstet, die in Syrien erst ihren Mann und nun ihr Kind in den Wellen der Ägäis verloren hat. Hätte es nicht Menschen wie die Familie Räber gegeben, die ohne Wenn und Aber sofort bereit waren zu handeln, nicht auszumalen, in welche noch größere humanitäre Katastrophe wir geschlittert wären.

Wir verfügen in Europa über ein großartiges Hilfsnetzwerk, das im Fall humanitärer Katastrophen und Notstände sofort in der Lage ist, einzugreifen und das Schlimmste zu verhindern. Sogar rund um den G7-Gipfel auf Schloss Elmau stellte das Bayerische Rote Kreuz 1800 Hilfskräfte zur Verfügung. Es ist also kein Problem von mangelnder Kapazität.

Für mich stellt sich die Frage, warum die Hilfe auf Lesbos oder in Idomeni so zögerlich oder überhaupt nicht vorhanden war. Es gibt nur eine Antwort darauf, warum im Falle der »Flüchtlingskrise« die Möglichkeiten der Hilfe nicht ausgeschöpft wurden und bis heute nicht werden. Es war und ist schlichtweg nicht gewollt, dass die Flüchtenden zu uns kommen. Für alle, die über Monate auf Lesbos Leben gerettet haben, die 48-Stunden-Schichten gefahren haben, um zu helfen, für die bleibt unterm Strich die Erkenntnis, dass das Sterben einkalkuliert ist, um abzuschrecken. Noch mal – hätte es nicht Menschen wie Michael Räber und seine mittlerweile vielen Hundert Helfer vor Ort auf Lesbos gegeben, es wären noch mehr Menschen ertrunken. Ein kleines Team von schwizerchrüz.ch sitzt auch heute noch jede Nacht am Strand von Lesbos, um im Falle einer Bootslandung erste Hilfe zu leisten. Sie sitzen Nacht für Nacht am »Campfire«, das für mich und viele andere zum Symbol der Menschlichkeit geworden ist. Ein kleines Lagerfeuer am Strand, das nicht nur Wärme spendete, Treffpunkt der Volontäre aus aller Welt war, sondern auch Leuchtfeuer für jene, die in der Dunkelheit ihr Leben aufs Spiel setzen.

An dieser Stelle möchte ich Ihnen einen Auszug aus dem Bericht meines ersten Lesbos-Aufenthalts im Februar 2016 vorstellen, der vielleicht ein wenig Licht in die Verantwortung bringt, die auf den Schultern der Helfer lastet.

*Die Nachricht vom Tod Roger Willemsens und die Anweisung, dass ich Teil des Teams sein sollte, das ab 1 Uhr nachts einen Strand-abschnitt von Lesbos zu bewachen hatte, kamen gleichzeitig auf mei-nem Handy an. Für kurze Zeit mischten sich die Gefühle. Wie so oft in den letzten Tagen. Traurigkeit darüber, dass schon wieder einer der ganz Großen uns verlassen hat, Freude über das eigene Leben, dazu die fast schon alltägliche Verwunderung angesichts der globalen Ereignisse, die auf Lesbos so brachial zur Wirklichkeit werden.*

*Seit vier Tagen bin ich nun hier. Habe die Insel besichtigt, die Camps gesehen, in denen die Flüchtlinge registriert und zunächst untergebracht werden. Ich habe zwei Tage lang geholfen, Strände von Müll zu befreien, habe auf einer Deponie, die sie hier nur den Schwimmwestenfriedhof nennen, gestanden und geweint. Wenn ich die erste Hälfte meiner Zeit hier zusammenfassen sollte, dann habe ich alles in allem meinen Alltag gegen das Leben eines Volonteers ein-getauscht. Unberechenbarkeit statt Routine. Machen statt Zuschau-en. Staunen statt Belanglosigkeit. Und immer in dem Bewusstsein, dass man nicht weiß, was im nächsten Augenblick wichtig sein wird, weil es zwar Regeln gibt, aber trotzdem keine Gewissheit. Kommen drei Boote? 30? Bleibt es dabei, dass die Küstenwache patrouilliert, die Flüchtlinge von den Booten, die sich bereits in griechischen Ge-wässern befinden, aufnimmt und sicher in den Hafen geleitet? Oder kommen doch ein paar Boote durch? Hochseeuntaugliche Schlauch-boote, besetzt mit 30, 40 oder auch mal 60 Menschen, für die der riskante Weg über das Wasser der einzige Ausweg scheint, dem Krieg und dem Horror zu entkommen.*

*Als ich letzte Nacht am Strand stand und gegen 6 Uhr morgens die ersten Boote anlandeten, fiel mir Roger Willemsen wieder ein. In all dem Getümmel habe ich kurz überlegt, wie es ihm hier wohl ge-*

gangen wäre. Ihm, der so begabt war, dem Tod Leben einzuhauchen. Ihm, der immer die richtigen Worte parat hatte. Mir haben sie heute Morgen gefehlt. Als die Frauen, die Kinder und die Männer auf dem ersten Boot so dicht am Strand waren, dass ich ihnen in die Augen schauen konnte, fühlte es sich an, als ob mein Herz für einen Moment aufhört zu schlagen. Dabei lief alles glatt. Die Rettungsschwimmer zogen das Boot an Land, wir bildeten eine Gasse, Babys und Kleinkinder wurden per Menschenkette von Arm zu Arm ans sichere Ufer gebracht, wo alles schon bereitstand. Tee, warme Sachen, Rettungsdecken. Die Helfer aus Japan, Schottland, Spanien, Norwegen, der Schweiz und Deutschland arbeiteten Hand in Hand. Die, die schwach waren, wurden versorgt, wer nass war, bekam neue Kleider, wer hungrig war, konnte essen. Wie die Zahnräder eines Uhrwerks griff alles ineinander – und trotzdem hätte ich mir gewünscht, einen wie Willemsen an meiner Seite zu haben, der für das, was mich so überwältigt hat, sicher die richtigen Worte gehabt hätte.

Nun muss ich sie selber finden, und es fällt mir verdammt schwer, weil mir, sobald ich versuche, in die Tiefe zu gehen, dorthin, wo die Fassungslosigkeit sitzt, sofort die Tränen in die Augen steigen. Es ist nicht mehr die Wut darüber, dass in Deutschland und in anderen Ländern Menschen leben, die auf Flüchtlinge schießen würden. Die Unterkünfte anzünden, Mauern bauen, Stacheldraht ziehen, hetzen und pöbeln. Das stand im Vordergrund, als ich zu Hause war. Hier überwiegt etwas anderes. Das war schon da, als ich auf dem Schwimmwestenfriedhof stand und mir der Abstand, den man hat, wenn man solche Bilder nur im Fernsehen oder auf Facebook anschaut, plötzlich fehlte. Dort war klar, dass in jeder Weste ein Mensch steckte, für den die Fahrt über das Meer, die das Leben kosten konnte, offensichtlich der einzige Ausweg war. Wie sagt der Esel im Märchen »Die Bremer Stadtmusikanten« zum Hahn? »Etwas Besseres als den Tod findest du überall.«

Und jetzt, da ich darüber schreiben kann, wird mir klar, was mich so bewegt hat und bewegt. Es ist zum einen die Todesangst, die sowohl beim Anblick der Westen auf der Deponie, als auch in den Augen der ankommenden Flüchtlinge heute Morgen abzulesen war. Ich habe so etwas noch nie zuvor gesehen. War noch nie so dicht dran. Es gab einen Moment, wo mir schlagartig klar wurde, dass diese Menschen nichts mehr aufhalten kann. Sie haben alles verloren, bis auf ihr Leben, und an das klammern sie sich, so wie du und ich es auch tun würden. Dafür nehmen sie alles in Kauf. Die Flucht, die Lager, den Hunger, die Kälte, das Risiko. Und das ist die andere Seite. Man kann sich nicht vorstellen, was das für eine Kraft ist. Wie sich Todesangst in Wille verwandelt. Ihr könnt noch so hohe Mauern bauen, Zäune mit Stacheldraht ziehen. Diese Menschen wird nichts aufhalten. Sie sind verzweifelt, sie sind schwach, einige waren krank, die Kinder teilweise sichtlich traumatisiert. Aber alles ist besser als der Tod.

# 3. DER ZYNISMUS DES EINZELNEN UND WEGE ZUR KRAFT DER GEMEINSCHAFT

## WIE SPIELFIGUREN AUF DEM BRETT

Die Regierungsparteien der EU – allen voran Deutschland – tragen maßgeblich Verantwortung für die »Völkerwanderung« – man kann es fast schon so nennen. Diese Tatsache blenden die meisten schlichtweg aus. Wer je ein Flüchtlingslager jenseits der EU-Außengrenzen gesehen hat, egal ob in der Türkei, in Libyen, Jordanien oder im Libanon, der weiß, dass der Schutz der EU-Außengrenzen nur eine Symptombekämpfung ist und dass wir vor viel größeren Problemen stehen. Aber statt die Fluchtursachen zu beseitigen, werden mit Diktatoren und Despoten fragwürdige Deals abgeschlossen. »Auch das gehört zur Verteidigung der Festung«, schreibt Heribert Prantl. »Europa zahlt den nordafrikanischen Ländern viel Geld dafür, dass das Asyl dort hinkommt, wo der Flüchtling herkommt – und kümmert sich nicht darum, was mit den abgeschobenen Flüchtlingen passiert. Rückführungsabkommen sind Abkommen nach dem Motto: ›Aus den Augen, aus dem Sinn.‹«[17]

Das ist keine Politik, die am Wohl der Menschen ausgerichtet ist, sondern eine Politik, die einzig und allein das Ziel hat, den reichen Westen abzuschotten. Der Weihbischof Stefan Zekorn drückte es so aus: »Die Länder Europas sind dabei, ihre Seelen zu verkaufen, damit sie durch die Flüchtlinge nicht in ihrem Wohlstand gestört werden.«

Die EU als Staatenbund weigert sich, ihre Verantwortung zu übernehmen. Sie liefert Waffen, schafft damit seit Jahren Brandherde und sorgt durch ihre aggressive Wirtschafts- und Handelspolitik für große globale Ungleichheit. Und genau an dieser Stelle hat jeder Einzelne von uns als Verbraucher und Konsument seinen Anteil.

Der Soziologe Jean Ziegler bringt es unmissverständlich auf den Punkt: »In ihrem augenblicklichen Zustand könnte die Weltlandwirtschaft problemlos zwölf Milliarden Menschen ernähren, was gegenwärtig fast der doppelten Weltbevölkerung entspräche. Insofern ist die Situation alles andere als unabwendbar. Ein Kind, das am Hunger stirbt, wird ermordet.«[18]

Ich würde diese Aussage noch um den Satz erweitern, dass jedes Kind oder jeder Erwachsene, der auf der Flucht vor diesen Zuständen sein Leben verliert, ebenfalls ermordet wurde.

Aber auch die EU ist nur ein Rädchen im großen Getriebe, das letztendlich den Motor ganz anderer Interessen ölt. Um auszusprechen, dass einige wenige gigantisch große Konzerne – man nennt sie Oligopole – mit ihrer maßlosen Gier das Recht auf Leben oder auf Nahrung nicht auf ihrer Agenda haben, muss man kein Verschwörungstheoretiker sein. WTO, IWF und die Weltbank sind ihre verlängerten Arme. Das ist jetzt vereinfacht dargestellt, aber am Ende ist es das, was viele Menschen wahrnehmen. Viele beschleicht das Gefühl, dass sie zu unmündigen Schafen gemacht und manipuliert werden. Das trifft auch im Kleinen zu, wenn von fünf angebotenen Mineralwässern drei aus einem Mutterkonzern stammen und nur die unterschiedlichen Namen davon ablenken. Es macht wütend, wenn der Verwaltungsratspräsident von Nestlé,

Peter Brabeck-Letmathe, davon spricht, dass Wasser kein »öffentliches Gut« sei und der Zugang zu Wasser auch kein »Menschenrecht«. Die Schweizer Firma ist Marktführer auf dem Sektor für abgefülltes Trinkwasser. Nestlé kauft seit Jahren weltweit Wasserrechte, unter anderem in trockenen Gebieten, wodurch die Bevölkerung gezwungen wird, das teure Wasser von Nestlé zu kaufen, wenn sie nicht verdursten möchte.

So trägt Nestlé aktiv dazu bei, dass Menschen sich auf die Suche nach besseren Lebensbedingungen begeben. Es gibt viele ähnliche Beispiele, die zeigen, dass Menschenleben oft hinter Konzerninteressen zurückstehen. Das ist nicht neu. Neu ist, dass wir es verfolgen können. Dass wir nicht mehr unmündig sind. Trotzdem erzeugen solche Machenschaften bei mir zeitweise das Gefühl, dass wir gelenkt werden wie Marionetten und wir dem Machtspiel der Großen hilflos ausgeliefert sind. Dass wir wie Spielfiguren gesetzt werden in einem Spiel, das nur wenige spielen. Dass wir notfalls auch geopfert werden, wenn wir nicht mehr ins Bild passen. Noch sind wir brave Konsumenten, aber was passiert, wenn wir uns gegen diese Rolle wehren?

Die enge Verflechtung von Wirtschaft und Politik lässt mich manchmal aus dem Staunen und Kopfschütteln gar nicht mehr herauskommen. Was ist davon zu halten, dass der ehemalige EU-Kommissionspräsident José Manuel Barroso plötzlich einen Posten bei Goldman Sachs annimmt? Es ist ein weiterer Schritt hin zu einer Politik, die immer mehr wirtschaftliche Interessen verfolgt. Es reicht sogar so weit, dass mit dem Leid derer, die vor Krieg, Armut und Gewalt fliehen, auch noch Geschäfte getätigt werden. So hat das Deutsche Verteidigungsministerium Tunesien zur Überwachung der EU-Außengrenzen neben anderen Geräten fünf Ferngläser der Firma Airbus Defence & Space geschenkt. Die Beschreibung liest sich wie eine Kriegsanleitung. »Eine Welle illegaler Einwanderer hat Europas Südküste und Inseln getroffen. Die Herausforderung der EU, die Integrität der Grenzen zu wahren, braucht ein optisches Überwachungssystem mit extremer Reichweite, damit Boote in 20 oder sogar 30 Kilometern Entfernung entdeckt werden können.« Die Frankfurter Rundschau kommentierte das folgendermaßen: »Fünf solcher Geräte sind Teil eines Geschenks, das das deutsche Verteidigungsministerium nach Angaben der Linken jetzt Tunis überreicht. Insgesamt sind es 60 Überwachungsgeräte. Das Ziel: Migranten vor Europa stoppen.«[19]

Abgesehen davon, dass eine Produktbeschreibung neutral sein sollte, mutet es doch höchst seltsam an, dass Waffenindustrie und Politik auf diese Weise verquickt sind. Eine gewisse Verflechtung als Beitrag zum Allgemeinwohl ist sicher unumgänglich. Problematisch für ein Land und seine Bevölkerung wird es immer dann, wenn mit dem Wechsel von Politikern in die Wirtschaft Allianzen geschlossen werden, die Einzelinteressen zulasten der Allgemeinheit, der Steuerzahler oder anderer Interessengruppen den Weg glätten.

Ich möchte noch ein Beispiel anfügen, das ich 2006/07 erlebt habe und das die enge Verquickung zwischen Politik und Wirtschaft – in diesem Fall zwischen Politik und der Tabaklobby – aufzeigt. Ich habe damals eine Petition auf den Weg gebracht, um mich für ein ausnahmsloses Nichtraucherschutzgesetz in Deutschland starkzumachen. Damals kamen der SPD-Politiker Lothar Binding, die Grünen-Politikerin Bärbel Höhn und die Nichtraucherinitiativen Deutschlands wie »Pro Rauchfrei« oder »Forum Rauchfrei« immer wieder zusammen, um die Gesetzesinitiative endlich voranzutreiben. Hartnäckige Gegner eines einheitlichen Gesetzes waren der Deutsche Hotel- und Gaststättenverband (DEHOGA) sowie der Verband der Cigarettenindustrie (VdC).

Es war wirklich unglaublich, wie um dieses Gesetz gerungen wurde. Noch unglaublicher war für mich der Einblick hinter die Türen, wo am Ende politische Entscheidungen getroffen wurden. Lange bevor es darum ging, einen Gesetzentwurf in die Wege zu leiten, unterstützte der VdC bereits durch Sponsoring Landesvertretungen und Parteien, indem er zum Beispiel Sommerfeste ausrichtete. Als es konkret darum ging, eine Arbeitsgruppe aufzustellen, die den Gesetzentwurf in die Hand nehmen sollte, trafen sich im Vorfeld die Parlamentarischen Geschäftsführer von CDU/CSU und SPD, Norbert Röttgen und Olaf Scholz, sowie die tourismuspolitischen Sprecher beider Fraktionen, mit Lothar Binding. Letzterer staunte nicht schlecht, als bei diesem ersten Treffen auf dem Tisch bereits ein sogenanntes Eckpunktepapier lag, das vom Inhalt her ganz klar darauf ausgerichtet war, ein Rauchverbot in Gaststätten zu verhindern. Der Briefkopf des Papiers war beim Kopieren abgedeckt worden. Lothar Binding erkannte den Absender allerdings anhand des Layouts und Wortlauts. Das Papier kam vom Verband der Cigarettenindustrie und wurde später zu Teilen in den Gesetzentwurf übernommen. Wer das Eckpunktepapier in diese erste Arbeitsgruppe »hineingeschmuggelt« hat, ist bis heute nicht geklärt.

Mir persönlich schneidet es regelrecht die Luft ab, wenn ich sehe, wie ganze Länder, Völker oder Menschengruppen eiskalt Profitbelangen geopfert werden. Wie die Handelsinteressen der EU – ausgeführt über Mittelsmänner – dafür sorgen, dass – um ein weiteres Beispiel zu nennen – in Äthiopien über große Flächen das Grundwasser mit Pestiziden verseucht wird. Äthiopien ist der drittgrößte Rosenproduzent für die EU. Um das zu erreichen, wurden Tausende Bauern von fruchtbaren Ländereien vertrieben. Entschädigt hat man sie entweder gar nicht oder mit einem wertlosen Stück Land in einem trockenen Gebiet. Rosen benötigen für ihr Wachstum Unmengen an Wasser. Wasser, das in Äthiopien ohnehin Mangelware ist. »Äthiopien lockt Großkonzerne ins Land mit dem Ziel, landwirtschaftliche Entwicklung in armen ländlichen Regionen zu fördern. Doch statt die Landwirtschaft zu stärken, wurden Zehntausende Anuak, Nuer und Oromo verjagt. Für sie regnete es weder Gewinne aus der Rosenzucht noch aus der Landwirtschaft. Sie leben nun am Rand der Existenz.«[20]

Wenn ein Äthiopier es schafft, bis nach Deutschland zu fliehen, dann wird er hier als »Wirtschaftsflüchtling« eingestuft. Wahrscheinlich genau von jenen, die im Winter Rosen bei Aldi oder Netto kaufen, die aus jener Gegend stammen, aus der der Äthiopier vertrieben wurde.

Der Theologe und Schriftsteller Eugen Drewermann sagte in einem Vortrag: »Was wir erleben, sind die Wirkungen eines Zustands, der seine Wurzeln ganz und gar in dem Umgang mit Geld und der Art zu wirtschaften hat.« Und weiter: »Und was am meisten unerträglich ist, eigentlich am meisten wütend machen muss, ist, dass wir für alle Probleme dieser Welt scheinbar nur eine einzige Antwort haben, die lautet: Militär. [...] Warum ist die Welt so, wie wir sie ganz bestimmt nicht wünschen? Wie wir sie keinem der Kinder, die die Welt betreten, jemals anbieten möchten? Warum läuft alles so gründlich anders, als wir es für evident menschlich erachten würden?«

Für Drewermann liegt die Ursache in der kapitalistischen Wirtschaftsordnung. Aber auch die wird ja von Menschen vorangetrieben. Sie folgt keinem Naturgesetz und hat auch nichts mit einer organischen Entwicklung gemein. Unsere wirtschaftliche Entwicklung ist menschengemacht und kann deshalb auch nur von Menschen angehalten oder verändert werden.[21]

Die Ursachen etwa für den irrsinnigen Wachstumsdrang liegen unter anderem im Streben nach Bedeutung, nach Zugehörigkeit, aber auch nach Autonomie.

Die Art und Weise, wie das Umfeld – insbesondere die engsten Bezugspersonen – dem Kind in den ersten Jahren seines Lebens auf seine Bedürfnisse geantwortet hat, ist der Ursprung, aus dem sich unter anderem der Neoliberalismus in seiner schlechten Bedeutung speist. Wir bräuchten keine Macht über andere, wenn wir von unserer eigenen Bedeutung im tiefsten Inneren überzeugt wären. Wir bräuchten keine Feinde, keine Konkurrenten, um uns immer wieder selbst zu beweisen, wie großartig und unverletzlich wir sind.

Anhand der Entwicklung von Naturvölkern lässt sich gut ablesen, wie ihre gemeinschaftlichen Strukturen zerbrechen, sobald sich »westliche Einflüsse« manifestieren. Wie der Zusammenhalt schrumpft, wie Konkurrenz und Entfremdung Einzug halten und viele Verlierer einigen Gewinnern gegenüberstehen.

Seit westliche Einflüsse Anfang des 19. Jahrhunderts in das Leben der Inuit Einzug gehalten haben, veränderten sich nicht nur der soziale Zusammenhalt und ihre kulturelle Identität. Durch die Umsiedlungen wurden die Inuit aus ihrer arktischen Heimat vertrieben und zur Sesshaftigkeit gezwungen. Seither können sie ihre Ernährung nicht mehr selbstständig sichern, da auch das Fangen von Robben durch Umweltbestimmungen verboten wurde.

Viele Inuit sind heute arbeitslos, verarmt und dem Alkohol verfallen. Selbstmord war bei den kanadischen Inuit 2004 die zweithäufigste Todesursache. Das sind die stillen Katastrophen, von denen wir nur am Rande erfahren. Davon gibt es immer mehr, und es wird dementsprechend auch immer mehr Menschen geben, die sich auf den Weg machen, um für sich und ihre Familien bessere Lebensbedingungen zu finden.

Als ich einen Tag in dem von freiwilligen Helfern geführten Camp »Better Days for Moria« auf Lesbos war, konnte ich sehen, aus welchen Ländern Menschen geflüchtet waren. Eine Familie kam aus Nepal. Sie waren schon seit einigen Jahren unterwegs.

## DIE VERANTWORTUNG DES EINZELNEN

Wir können uns heute nicht mehr damit herausreden, dass wir von den Schieflagen in der Welt nichts wüssten. Wir leben in einem Zeitalter, in dem wir fast ungehinderten Zugang zu solchen Informationen haben. Man muss sich allerdings dafür interessieren, und das ist ein Knackpunkt, an dem es bei uns krankt.

Da die meisten zu »anständigen Konsumenten« erzogen wurden, und nicht zu hinterfragenden, selbstständig denkenden Menschen, bleibt das Interesse daran, sich tiefer mit den Fluchtursachen auseinanderzusetzen, aus. Stattdessen werden von vielen lediglich die Schlagzeilen der Onlinemedien gelesen, und anschließend setzen sie ihre Meinungen darunter. Dabei werden Fakten teilweise gänzlich ausgeblendet. So wie diese: »Von den 70er- bis in die 90er-Jahre töteten meist europäische Terrorzellen jährlich 100 bis 400 Menschen in Europa. Seit der Jahrtausendwende nehmen die Attentate in Westeuropa und in der Schweiz stark ab. Von 2001 bis 2014 entfielen nur 0,3 Prozent der Terroropfer auf Westeuropa. Weltweit jedoch nimmt der Terrorismus seit 2005 zu – rund 80 Prozent aller Opfer sind Muslime.«[22]

Wir sind gehorsame, disziplinierte Bürger. Das geht sogar so weit, dass wir uns von Konzernen vor den Karren spannen lassen.

Ein gutes Beispiel, wie das funktioniert, nennt der Berliner Philosoph Byung-Chul Han in einem Interview mit der ZEIT. Angesprochen auf das Verhalten von Teenagern, die tütenweise Ware bei der Billigkette Primark kaufen, um sie anschließend nicht zu tragen, sondern damit sogenannte Haul-Videos auf YouTube einzustellen, sagt er: »Genau, sie machen damit Werbung! Sie erstellen massenweise Videos, in denen sie die Kleider anpreisen, die sie gekauft haben, und Model spielen. Jedes YouTube-Video wird eine halbe Million Mal angeklickt. Konsumenten kaufen Kleider oder andere Dinge, aber sie gebrauchen sie nicht, sondern sie machen Werbung, und diese Werbung generiert neuen Konsum. Das heißt, es ist ein absoluter Konsum entstanden, der vom Gebrauch der Dinge abgekoppelt ist. Das Unternehmen hat die Werbung an die Konsumenten delegiert. Es macht selbst keine Werbung. Das ist ein perfektes System.«[23]

Es ist zudem eine geschickte Taktik, die Menschen von den wirklichen Vergehen abzulenken, zum Beispiel von den unmenschlichen Arbeitsbedingungen der Näherinnen, die für Primark arbeiten. Primark geht es nicht darum, dass wir günstig einkaufen können. Das schreiben sie sich auf die Fahne, aber das ist Verkaufsstrategie. Nein, es geht ihnen um Profit und um Marktmacht.

Primark ist kein Einzelfall. Es ist heute Usus, dass Konzerne durch ihre Werbebotschaften suggerieren, dass wir es in der Hand hätten, uns glücklich und zufrieden zu machen. Dazu müssen wir nur unsere schlechten Gefühle unterdrücken und alles im rosa Licht der Konsumvielfalt betrachten. Es steckt ein perfides Kalkül hinter solchen Botschaften. Die Konzerne springen damit auf den Zug des Lustprinzips, nach dem die meisten Menschen heute leben. Kurzfristige und schnelle Befriedigung steht über langfristigen Projekten, die Einsatz und Durchhaltevermögen einfordern.

Individualerhaltung über Arterhaltung. Es ist heute eine große Herausforderung, für sich selbst zu entscheiden, was ein sinnvolles Dasein ausmacht. Und gerade weil es so schwierig ist und wir kaum noch auf unsere Gefühle hören, haben Konzerne ein leichtes Spiel. Sie nutzen unsere Gefühlsunsicherheit aus, indem sie uns glauben machen, dass nur gute Gefühle ein gutes Leben ausmachen. Mit diesem Anspruch lassen sich Träume wunderbar verkaufen. »Trink diesen Smoothie, und du wirst glücklich!« Mittlerweile füllt eine ganze Generation von »Selbstoptimierern« fleißig die Kassen der großen Multis. Die »Wohlfühl-Lüge«, wie sie von der Autorin Laurie Penny genannt wird, »hindert uns daran, eine breitere, kollektive Reaktion auf Armut, Ungerechtigkeit und die kriselnde Arbeitswelt zu finden«, so Penny in ihrem Artikel.[24] Weiter schreibt sie: »Je angsteinflößender die wirtschaftliche Zukunft wirkt, desto öfter geht es in der öffentlichen Debatte um individuelle Erfüllung, als wäre das ein verzweifelter Versuch, uns einzureden, dass wir noch Kontrolle über unser Leben hätten. Coca-Cola ermuntert uns dazu, ›Glück zu wählen‹. Politiker nehmen sich Auszeiten, während die Demokratie in Schutt und Trümmern liegt. Lifestyle-Blogger behaupten vor Hunderttausenden Followern, dass Freiheit erreicht ist, wenn eine weiße Frau alleine Yoga am Strand macht.«

Es ist die Zerrissenheit zwischen dem Wunsch nach einer heilen Welt und der Realität, die uns straucheln lässt oder in die Arme von Heilsversprechern treibt – egal ob politik- oder profitinteressiert. Die Ärztin und Autorin Dunja Voos schreibt dazu auf ihrem Blog »Medizin im Text«: »Reklame macht nichts anderes, als ständig mit unserem Ich-Ideal zu spielen. Wir wollen blond sein, glatte Haut und schöne Zähne haben, die perfekte Brille tragen, schlank sein, gut zu uns selbst sein, viele Freunde haben, eine gesunde Familie. Reklame zeigt uns eigentlich das, was wir uns in unseren Träumen selbst vorstellen: Wir haben ein sauberes Haus, sind gut gelaunt, ausgeschlafen, nie wirklich schmutzig, eindeutig in unseren Gefühlen, zielgerichtet, kraftvoll. Der Frust kommt, wenn wir merken: So sind wir nicht. Jedenfalls oft nicht. Wir nehmen uns die Tüte Chips und ziehen uns auf die Couch zurück.«

Wir müssten die Ambivalenz und die Diskrepanz zwischen Traum und Wirklichkeit fühlen und wissen, wie wir auf diese Gefühle angemessen reagieren, um uns aus diesem Dilemma zu befreien. Denn während sich ein großer Teil der Menschen zu Marionetten von Konzernen machen lässt und andere immer montags für den Erhalt dieses kranken Systems auf die Straße gehen, sterben oder fliehen anderswo Menschen. Sie sterben oder verlieren ihre Heimat aufgrund der Macht ebenjener Konzerne oder der Machenschaften von Politikern. Es sind Menschen, die genau wie wir Familie, Pläne und Zukunft hatten. Wie absurd doch unser Wohlfühl-Denken neben dem Existenzkampf dieser Menschen wirkt.

In dem Boot, das die italienische Marine im Juli 2016 aus dem Mittelmeer geborgen hat, lagen über 675 Leichen. Viele der Menschen kamen aus Bangladesch, einem Land, wo die Textilfabriken etlicher europäischer Bekleidungskonzerne stehen und wo die Menschen für einen Hungerlohn schuften, damit wir hierzulande im Überfluss schwelgen können. Wir sehen und wissen das und lassen es zu. Mehr noch, wir treiben diese Entwicklung mit voran. Wir tolerieren und unterstützen durch unser Verhalten die Ausbeutung unserer Erde und der Menschen. Wir sägen also wirklich mit an dem Ast, auf dem wir sitzen.

In diesem Zusammenhang taucht häufig die Frage nach der »individuellen Verantwortung« auf. Das trifft einen heiklen Punkt. Können die Lehrerin aus Berlin, die Journalistin aus Hamburg oder der Schuster aus Dortmund etwas dafür, dass Menschen im Mittelmeer ertrinken?

»Wir tragen alle die Verantwortung dafür« ist ein Satz, den ich selbst oft verwende und der mindestens genauso oft heftig kritisiert wird. Oft hören wir an dieser Stelle das Wort »Kollektivschuld«, das im Zusammenhang mit der Vernichtungspolitik der Nationalsozialisten steht. Man muss mit diesem Begriff vorsichtig sein, da er auch heute noch von Rechtspopulisten gebraucht wird.

Nein – die Toten im Mittelmeer sind nicht jedem einzelnen Bürger der EU anzulasten. Niemand darf für ein Verbrechen belangt werden, das er nicht aktiv begangen hat.

So bewegen wir uns eher auf der Ebene der Kollektivhaftung. Die würde eintreten, wenn vielleicht später jemand auf die Idee käme, die Regierungen der EU für ihre Tatenlosigkeit zur Rechenschaft zu ziehen. Auch damit haben die Journalistin und der Schuster nichts zu tun. Trotzdem denke ich, dass jeder Mensch mit für den Zustand dieser Welt verantwortlich ist. Und dass jeder sein Bestes geben sollte, die Natur und die Menschen zu schützen. Tut er es nicht, ist er deshalb nicht schuldig. Aber er verwehrt der Welt oder im konkreten Fall den Flüchtenden den Beitrag, den er vielleicht leisten könnte, indem er gegen eine unmenschliche Politik protestiert, indem er Großkonzerne, die Menschen ausbeuten, nicht unterstützt oder indem er sich in einer Hilfsorganisation oder anders einbringt.

Wegschauen ist ein aktiver Vorgang. Ob man das für richtig hält oder nicht, muss jeder für sich klären. Da geht es nicht um Schuld oder Verantwortung, sondern um eine klare Haltung. Letztendlich müssen wir alle zusammen an einem Strang ziehen. Die extreme Individualisierung der letzten Jahrzehnte hat die Entwicklung, die wir jetzt erleben, erst möglich gemacht. Was uns fehlt, ist das Vertrauen in die eigenen Gefühle und auch das in die Macht des Kollektivs.

Hierzu fällt mir ein etwas älterer Werbespot von IKEA ein. Er bringt das Dilemma unserer Zeit wunderbar auf den Punkt. Man sieht eine gesellige Tischrunde, wahrscheinlich Alt-68er. Es wird hitzig diskutiert, irgendwann springt ein Mann auf, haut mit der Faust auf den Tisch und sagt: »Da müssen wir doch mal wieder auf die Straße gehen.« Betretenes Schweigen in der Runde. Man sieht förmlich, wie sich alle winden. Auch der, der gerade noch enthusiastisch aufgesprungen war, schaut sich nun um, sieht seine Luxusküche, sieht die anderen, atmet tief durch, setzt sich wieder und sagt: »Na, man muss es ja auch nicht gleich übertreiben.« Und schon ist die Luft raus.

Ich sehe viele Menschen, die die Kraft hätten, etwas zu bewegen. Aber ich sehe genauso viele, die nicht bereit sind, etwas dafür zu opfern. Und das muss man, will man etwas verändern. Ich wurde oft gefragt, wie ich es schaffe, neben Arbeit, Kindern und Haushalt mal eben für einen Tag nach Idomeni zu fliegen oder für eine Woche nach Lesbos. Ich kann darauf immer nur antworten: Es ist eine Frage des Wollens. Wenn ich etwas wirklich will, dann finden sich Wege, es umzusetzen. Es ist eine Entscheidung. Keine Frage des Geldes, der Zeit oder anderer Sachzwänge. Das sind vorgeschobene Gründe. Fast jedes »Ja, aber…« lässt sich widerlegen.

Ich kenne viele Menschen, die diese Entscheidung für sich getroffen haben. Manche im Kleinen, indem sie in Willkommenseinrichtungen helfen, manche im Großen, indem sie ihr Leben in Deutschland oder in der Schweiz aufgegeben haben und nach Griechenland gegangen sind, um dort vor Ort aktiv zu sein. Natürlich hat sich deren Leben dadurch verändert. Manchmal sogar radikal. Sie hatten den Mut, ihre Komfortzone zu verlassen, also ihren eingefahrenen Alltag und ihr Sicherheitsdenken aufzubrechen. Sie stehen deshalb nicht weniger Herausforderungen gegenüber, sind auch nicht immer glücklich, aber sie sind lebendig und fühlen sich in eine größere Idee eingebunden.

Ich habe bisher noch keinen getroffen, der gesagt hat, dass er diesen Schritt bereut. Im Gegenteil. Aktiv zu werden ist die einzige Alternative zu einem auf der einen Seite fast schon hypnotischen und lethargischen Status, und auf der anderen Seite zu einem hysterischen Zustand, in dem sich die meisten von uns tagtäglich bewegen.

Es gibt viele Menschen, die durch ihr Leben gehen, ohne wirklich lebendig zu sein. Mich macht es traurig, wenn ich Scheintote um mich herum sehe. Wenn ich miterlebe, wie die Träume von Menschen nach und nach verblassen, Potenziale verkümmern oder einem vermeintlichen Sicherheitsdenken geopfert werden.

Das weckt in mir ebenso Mitgefühl wie die Schicksale der geflohenen Menschen. Warum auch sollte ich da einen Unterschied machen? Tragisch sind beide Seiten. Nur hätten es die Menschen, die hier in ihren eigenen Grenzen gefangen sind, in der Hand, diesen Zustand zu verändern. Das ist der Unterschied. Hier fallen keine Bomben. Wir müssen nicht hungern. Niemand soll deshalb gleich seinen ganzen Lebensentwurf infrage stellen, sondern es geht darum, sich mit den eigenen Gefühlen, der Hilflosigkeit, dem Frust oder der Angst ehrlich auseinanderzusetzen und Konsequenzen daraus zu ziehen. Ist »Merkel schuld« an einer verfahrenen Lebenssituation? Ist der »Flüchtling« wirklich der Schmarotzer, der dem Deutschen den Arbeitsplatz streitig macht? Nein.

## EIGENE ERFAHRUNG ALS AUSLÖSER VON HASS

Die unterdrückte Wut, Unsicherheit, Angst und der Selbsthass vieler Menschen bei gleichzeitiger Selbstbezogenheit stehen einem aktiven, offenen Handeln im Sinne von Menschlichkeit und Mitgefühl diametral gegenüber.

Dazu kommt, dass wir Angst davor haben, den realen Schmerz zu empfinden, der angesichts der Tragödien, die sich vor unseren Haustüren abspielen, eigentlich begründet wäre. Schmerzen oder Gefühle zu verdrängen ist in bestimmten Situationen ein wichtiger und hilfreicher Mechanismus. In diesem Fall jedoch unterstützt die Verdrängung die Abwehr gegen Unschuldige. Es lohnt sich, einen tieferen Blick auf diesen Schmerz zu werfen, denn er beantwortet uns die Frage, warum es möglich ist, dass immer wieder so viel Böses und Grausames auf dieser Welt geschieht, obwohl es im Kern immer nur eine Handvoll Menschen sind, die dieses Böse wirklich initiieren.

Einige haben als Kind die Erfahrung gemacht, dass sie »nicht genügen« oder »stören«. Dass sie nicht richtig sind, dass sie der Mutter oder dem Vater durch ihr So-Sein in irgendeiner Art und Weise Kummer bereitet haben. Natürlich handeln die meisten Eltern nicht bewusst so, um dem Kind zu schaden, aber allein der Satz: »Wenn du jetzt schön ruhig bist, hat dich Mama ganz doll lieb« reicht, um dem Kind zu signalisieren, dass es nicht gewollt ist, wenn es laut und lebendig ist.

Gleichzeitig lernt es, dass Liebe an Bedingungen geknüpft ist. Dass es Leistung bringen muss, um geliebt zu werden. Das ist fatal, allein dadurch, dass Kinder aufgrund ihrer Lebendigkeit und Bedürftigkeit den Alltag oder das »Seelenheil« der Eltern torpedieren. Und die meisten Kinder erleben sich zwangsläufig als störend – gerade in unserer heutigen Leistungsgesellschaft.

Sie passen oft nicht in Gesellschaftsraster oder in vorgefertigte Lebensentwürfe, weil sie eben keine Puppen, sondern Individuen mit ganz eigenem Wesen sind. Und sie konfrontieren uns gnadenlos mit unseren Schwachstellen und unverarbeiteten Kindheitsgefühlen.

Kinder haben sehr feine Antennen und spüren, wenn sie abgelehnt werden. Kommt diese Ablehnung von den eigenen Eltern, kann sie sich – abhängig vom Alter – wie eine existenzielle Bedrohung anfühlen. Das Kind macht dafür aber nicht die Eltern verantwortlich, sondern sich selbst. Es empfindet sich als böse und unfähig, den Eltern zu »genügen«. Schlimm wird das besonders, wenn ein Elternteil aufgrund von Trennung die Familie verlässt. Dann fühlen sich die meisten Kinder zusätzlich für diesen Verlust mitverantwortlich. So entsteht, je nach Erfahrung, ein unterschiedlich ausgeprägter Selbsthass. Dazu der Psychologe Arno Gruen: »Diese Unterdrückung durch das Nicht-Anerkennen der eigenen Lebendigkeit des Kindes wird vom Kind selbst übernommen, da diese Lebendigkeit des Kindes die Beziehung zu den

Eltern bedroht. Es kann ohne ihre Liebe nicht am Leben bleiben und deswegen macht es das Eigene zum Fremden, um es bekämpfen zu können.«[25]

Als Kinder können wir noch nicht erkennen, dass wir Opfer der Erwartungen anderer geworden sind und wir die Entscheidungen der Erwachsenen nicht in der Hand haben. Als Kinder fühlen wir uns schuldig – und weil das schmerzt und wir ja trotzdem überleben und geliebt werden wollen, kapseln wir unsere Lebendigkeit und den Schmerz so gut es geht ab. Aber beides verschwindet dadurch nicht. So schreibt Arno Gruen: »Meistens ruht dieses Opfer in uns, solange wirtschaftliche Not und politisches Chaos uns nicht bedrohen. Es erwacht aber in Zeiten der Not und des Chaos. Dann erwacht dieser unbewusste Hass auf uns selbst, den wir loswerden müssen, um unseren Selbstwert zu stabilisieren.«

Wir brauchen den Hass auf andere, um unsere eigene Verletztheit zu schützen. »Und je mehr äußere Umstände, wie der Verlust von Status, Arbeit oder Demütigungen und Unsicherheiten, einen Menschen bedrohen, desto mehr wird er bereit sein, Feinde zu suchen und auch zu finden, um sich von dem Hass und den damit verbundenen Ängsten zu befreien«, so Gruen.

Aber nicht nur Hass auf andere ist ein Ventil – auch Macht ist für viele das Mittel der Wahl, wenn es darum geht, dem eigenen Schmerz nicht begegnen zu müssen. Durch diese Brille betrachtet, zeigt uns ein Blick auf den Zustand der Welt, wie viele verletzte Seelen unterwegs sind. Es wäre Mitgefühl, das diese Spirale unterbrechen könnte. Vor allem zunächst Mitgefühl mit sich selbst. Kein Jammern über die Umstände, über die missglückte Kindheit oder die schlechten Eltern, sondern einzig und allein die ehrliche Konfrontation mit dem Schmerz, der in einem wohnt, wenn man so wie man ist, nicht erkannt und geliebt wurde. Die Tatsache, dass gerade viele junge Menschen heute wenig Engagement zeigen, ist ein Hinweis darauf, dass durch den Optimierungswahn, das Pathologisieren von Lebendigkeit, das Trimmen auf Leistung, das Setzen auf Wissen statt auf Gefühl auch dieser Generation ein tiefer Schmerz zugefügt wurde – obwohl sie von außen betrachtet alles hatte.

## DAS »FEINE« SCHWEIGEN DER MEHRHEIT

Aber es ist auch nicht nur der Hass auf sich selbst und die Angst vor der eigenen Wertlosigkeit, die uns davon abhalten, hinzuschauen. Nein – wir haben es so gelernt. Wir haben gelernt, dass uns die Probleme der anderen nichts angehen. Wegschauen und Schweigen sind tief in vielen von uns verwurzelt.

Der Historiker Fritz Stern nannte es »das feine Schweigen« im Zusammenhang mit der breiten Masse, die es zugelassen hat, dass Hitler an die Macht kam. Heute wird wieder geschwiegen. Dass immer weniger Menschen, obwohl sie vieles durchschauen, nicht mehr bereit sind, sich zu äußern oder sich einzubringen, hat verschiedene Ursachen, von denen ich einige genannt habe. Es ist salonfähig geworden, sich zurückzuziehen und nicht mehr teilzunehmen. Viele empfinden es als »Selbstdarstellung«, wenn Menschen öffentlich über ihr Engagement sprechen. Manche haben auch gelernt, sich nicht »so wichtig zu nehmen«. Andere haben Angst vor der Reaktion, die vielleicht folgen könnte, wenn sie ihre Meinung preisgeben. Lieber den Mund halten, als sich zu blamieren. Stellung zu beziehen birgt die Gefahr, sich in die Nesseln zu setzen, dem Spott und der Häme einer kleinen oder großen Öffentlichkeit ausgesetzt zu sein.

Statt selbst Opfer zu werden, stellen sich viele lieber in eine Reihe mit den Spöttern. So schützen Sarkasmus und Zynismus die eigene Verletzlichkeit, und die Debatten werden weg von der eigenen

Angst und dem eigenen Schmerz auf Nebenkriegsschauplätze verlegt. Dahinter steht nichts anderes als die große Angst davor, sich verletzlich zu zeigen, eigenen Tiefen zu begegnen und zu erkennen, dass man nicht perfekt ist. Diese Angst resultiert bei vielen aus der Erfahrung, dass man aus einer Gruppe ausgeschlossen wird oder dem Spott der anderen ausgesetzt ist, wenn man sich verletzlich zeigt. Die kanadischen Autoren und Ärzte Gordon Neufeld und Gabor Maté schreiben in ihrem Buch *Kinder brauchen uns* dazu: »In der Gleichaltrigenkultur ist ›Coolsein‹ – das vollständige Fehlen emotionaler Offenheit – das Allerhöchste. Unter Gleichaltrigen werden diejenigen am meisten geschätzt, die beunruhigend gelassen auftreten, wenig oder keine Angst zeigen, denen Bloßstellungen scheinbar nichts ausmachen und die zu Äußerungen wie ›macht nichts‹ – ›ist mir doch egal‹ und ›nicht so wichtig‹ neigen.«

Die beiden Autoren weisen auf ein Phänomen hin, das offensichtlich den Hang fördert, Gefühle zu verbergen. Es ist die sogenannte Gleichaltrigenkultur, die ja auch hierzulande durch staatliche Einrichtungen wie Kindergärten und Schulen gestützt wird. »Bei Straßenkindern, Gangmitgliedern und Straftätern ist diese emotionale Verhärtung am offensichtlichsten, aber sie spielt auch in der typischen nordamerikanischen Familie, deren Alltag in der Regel stark von der Gleichaltrigenorientierung geprägt ist, eine große Rolle«, so die Autoren.

Man kann es von der Gleichaltrigenkultur noch weiter herunterbrechen, wie der Professor für Verhaltensphysiologie, Gerhard Roth, sagt: »Genauso elementar für uns Affen, die wir ja sind, ist das Geliebtwerden durch die Gruppe. Nichts ist schlimmer für einen Affen, als von seiner Gruppe abgelehnt zu werden. Das führt zum Selbstmord, zu schwerer Depression. Und die Sehnsucht nach Anerkennung […] das ist ein genauso primäres Bedürfnis. […] Und wir Affen zittern immer vor dem möglichen Verlust dieser Anerkennung. Das ist das Schlimmste, was uns passieren kann.«[26]

Spalten Kinder ihre Gefühle ab, dann haben sie in der Regel etwas Traumatisches erlebt. Das kann der Verlust eines Elternteils sein, psychische oder physische Misshandlung, Vernachlässigung, Mobbing oder eine Form der Zurückweisung. Manchmal reicht es auch, im »offenen Gegensatz zu seiner Zeit zu sein«, wie es Kurt Tucholsky nannte, also sich einfach nicht dem Mainstream unterordnen zu wollen. Schon gerät man als Kind ins Abseits. Das ist schmerzhaft – und um sich nicht noch mehr dem Spott oder Hohn der Altersgenossen auszusetzen, schützen sich die Kinder mit einem Gefühlsabwehrpanzer, der – wenn die gefühlte oder reale Bedrohung nicht nachlässt – zu einer grundsätzlichen Abwehrhaltung gegen Verletzlichkeit wird. Ein starrer Abwehrmechanismus, den viele bis ins hohe Erwachsenenalter nicht ablegen können. Doch noch etwas Interessantes zeigt sich in diesem Zusammenhang: »Überraschend ist, dass viele Kinder, die sich an Gleichaltrigen orientieren, unter Umständen nach einer gewissen Zeit, auch ohne vergleichbares Trauma, denselben Grad an Abwehr zeigen«, so Neufeld und Maté. Das bedeutet, dass die Kinder ihre Abwehrmechanismen untereinander abgleichen.

Für viele Kinder ist die Beziehung zu Gleichaltrigen heute wichtiger als die zu erwachsenen Bezugspersonen. Das hat zur Folge, dass Verletzungen, die von anderen Kindern kommen, plötzlich bedeutend mehr Gewicht haben. Sie bedrohen existenziell. Aus der Gruppe oder Clique ausgeschlossen zu sein fühlt sich für viele Kinder heute wesentlich dramatischer an als die Tatsache, zu Hause nicht eingebunden zu sein. Schaut man sich gleichaltrige Gruppen an, zeigt sich, dass Verletzungen, Sticheleien, Betrügereien an der Tagesordnung sind. Kinder, die eine gute und sichere Verbindung zu ihren Eltern oder zu einer anderen erwachsenen Bezugsperson haben, können das ohne Schäden verkraften. Ihr Selbstbewusstsein und ihr Vertrauen leiden darunter nicht nachhaltig.

Anders sieht es aus, wenn Kinder keine Schulter zum Ausweinen haben, weil entweder Gefühle auch zu Hause nicht hoch angesehen sind, die Eltern zum Kind keine Bindung aufbauen oder selbst so gestresst sind, dass sie einfach nicht in der Lage sind, auf die emotionalen Bedürfnisse ihrer Kinder adäquat zu reagieren. Kinder, die das erfahren und so der teilweise hochgradigen Kränkung oder Ablehnung Gleichaltriger ungeschützt ausgesetzt sind, können schwerste psychische Störungen davontragen. Aus diesen Kindern werden meist Erwachsene, die weder empathisch sind noch auf die Gefühle der eigenen Kinder eingehen können.

Für mich ist das ein ganz wichtiger Punkt, denn schaut man in die Geschichte, ab wann wir diese – durch Bildungs- und Betreuungsinstitutionen begünstigte – Gleichaltrigenorientierung schon erleben, dann ist davon auszugehen, dass wir uns in einem Teufelskreis befinden. Die hohe Anzahl an Mobbing-Opfern, die wir heute zu beklagen haben, bestätigt diese Annahme. Gerade die Kriegs- und Nachkriegsgeneration waren durch die eigenen traumatischen Erlebnisse kaum in der Lage, ihren Kindern den nötigen Schutz zu geben und empathisch auf ihre Emotionalität zu reagieren. Und dieser Kreislauf setzt sich fort.

Kinder, die sich selbst von ihren Gefühlen abgeschnitten haben, neigen dazu, auf Verletzlichkeit, die sie bei anderen Kindern sehen, im wahrsten Sinne des Wortes loszugehen. Das gilt im Übrigen nicht nur für Kinder, sondern ebenso für Erwachsene. Das erklärt die starre Abwehr vieler Menschen gegen die Geflohenen, die ihre Verletzlichkeit und Wunden offen zeigen oder äußern. In diesem Fall ist das Schweigen vieler Menschen zu den aktuellen Dramen dieser Welt gar nicht als Desinteresse zu werten, sondern einfach als Schutz davor, eine schlechte Erfahrung nicht noch einmal fühlen zu müssen. Ich erlebe das selbst häufig, wenn ich etwa Kriegsbilder aus Syrien teile oder Bilder, auf denen Kinder in griechischen Lagern zu sehen sind. So manch einer greift mich direkt dafür an oder schleicht sich lautlos aus meinem Freundeskreis.

# HILFSBEREITSCHAFT ALS WESENSART

»Es ist mir egal, ob da Menschen ertrinken«, sagte neulich ein Bekannter. »Ich muss mich um meine Familie kümmern.« Er ist mit
Sicherheit kein gefühlloser Mensch, ganz im Gegenteil. Trotzdem
zeigt er eine Haltung, die typisch für unsere Zeit ist. Pure Abwehr.
Resultierend aus einer Überforderung. So sieht es jedenfalls auf
den ersten Blick aus. Ich kenne die Hintergründe, also das, was er
selbst erlebt hat, nicht, aber ich denke, dass es bei vielen, die so
oder ähnlich reagieren, eher die Summe der negativen Erfahrungen ist, die sie so hartherzig reagieren lassen. Als ich vor ein paar
Wochen in einer lockeren Runde von meinem Buchprojekt erzählte, sagte eine Frau: »Ich finde es nicht in Ordnung, die Menschen
pauschal als gefühllos zu verurteilen. Die meisten tun in ihrem
kleinen Rahmen ihr Bestes, um ein einigermaßen gutes Leben zu
führen. Ihnen ist wichtig, dass es den Kindern und den Enkelkin-
dern gut geht. Sie haben gar nicht die Ressourcen, über den Tellerrand hinauszuschauen.«

Dieses Argument warf bei mir die Frage auf, ob wir moralisch
dazu verpflichtet sind, anderen zu helfen, oder ob es einen persönlichen Mehrwert birgt. Ob sich wirklich jeder ins Weltgeschehen
einbringen muss. Oder ob es nicht reicht, wenn der »kleine Mann«
alle vier Jahre sein Kreuzchen setzt, abends die »Tagesschau« sieht
und ansonsten vor seiner eigenen Haustür kehrt. Heißt es nicht,
dass wenn jeder an sich denkt, dann an alle gedacht ist?

In meinen Augen funktioniert Gemeinschaft so aber nicht.
Wenn wir uns nicht von Konzernen oder anderen Interessengruppen lenken lassen wollen, müssen wir uns bewegen. Dann muss
einer den Anfang machen. Sonst ist es so, wie Sophie Scholl sagte:
»Wenn jeder wartet, bis der andere anfängt, wird keiner anfangen.«

Die Geschichte zeigt, dass es in einer Gesellschaft immer eine große Gruppe von Menschen gibt, die sich weder um Politik noch um den Rest der Welt Gedanken machen. Kann man sie dafür verurteilen? Lebt man nicht ruhiger, wenn man sich heraushält? Es war Charlie Chaplin, der in seiner berühmten »Rede an das Volk« (»Der große Diktator«, 1940) sagte: »Jeder Mensch sollte dem anderen helfen, nur so verbessern wir die Welt. Wir sollten am Glück des anderen teilhaben und nicht einander verabscheuen. Hass und Verachtung bringen uns niemals näher. Auf dieser Welt ist Platz genug für jeden, und Mutter Erde ist reich genug, um jeden von uns satt zu machen. [...] Ohne Menschlichkeit und Nächstenliebe ist unser Dasein nicht lebenswert.«

Ich bin der Ansicht, dass es sogar noch weit über das, was Chaplin sagt, hinausgeht, denn Hilfsbereitschaft ist nichts, was man erlernen müsste. Sie ist in uns angelegt.

Die Tatsache, dass Werte wie Hilfsbereitschaft, Menschlichkeit, Güte, Barmherzigkeit und Selbstlosigkeit gesammelt zu einem Schimpfwort verkommen sind, ist ein trauriger Beweis dafür, wie sehr wir uns selbst fremd geworden sind. Wir verleugnen damit, dass Hilfsbereitschaft etwas ist, das in uns angelegt ist.

Am Max-Planck-Institut für evolutionäre Anthropologie in Leipzig hat man herausgefunden, dass kleine Kinder durch den Anblick hilfsbedürftiger Personen in eine gewisse Aufregung versetzt werden. Dieser Zustand ändert sich, wenn die Kinder selbst in die Situation eingreifen und helfen können oder wenn sie einfach nur beobachteten, dass der Person geholfen wurde.[27] Das ist ein guter Beweis dafür, dass Hilfsbereitschaft nichts anerzogenes, nichts aufgesetztes, sondern eine angeborene Wesensart des Menschen ist.

Wir alle sind in der Lage, empathisch zu sein. Es ist offensichtlich eher eine Frage der Rahmenbedingungen, warum wir diese Empathie nicht leben. Gerade jetzt – in einer Zeit, in der sie dringend gebraucht wird. Wohin die Reise geht, wenn Distanziertheit, Rationalität, Sachlichkeit, Profitdenken, materielle Werte, Gehorsam, Hartherzigkeit und Strenge unser Leben dominieren, kann man am Zustand der Erde ablesen. Aber man muss den Rahmen gar nicht so groß ziehen. Es reicht, die einzelnen Leben zu betrachten. Die Abkehr von Gefühlen und die Ausrichtung auf das Äußere oder Materielle lassen uns Menschen seelisch verkümmern und machen uns krank. 2010 veröffentlichte eine Gruppe leitender Ärzte psychosomatischer Kliniken in Deutschland den »Aufruf zur psychosozialen Lage in Deutschland«. Die Ärzte hatten sich über Jahre mit psychosozialen Belastungen und Lebensbedingungen in Deutschland beschäftigt. Ihr Aufruf und ihre veröffentlichten Zahlen zeichnen ein düsteres Bild: »Angesichts der vorherrschenden gesellschaftlichen Orientierung an materiellen und äußeren Werten werden die Bedeutung des Subjektiven, der inneren Werte und der Sinnverbundenheit dramatisch unterschätzt. Wir benötigen einen gesellschaftlichen Dialog über die Bedeutung des Subjektiven, des Seelischen, des Geistig-Spirituellen, des sozialen Miteinanders und unseres Umgangs mit Problemen und Störungen in diesem Feld«, so eine Forderung aus dem Maßnahmenkatalog.

Die Bedeutung des Subjektiven verdient auch im Zusammenhang mit der Flüchtlingsthematik eine tiefere Betrachtung. Ein Mensch, der sich nicht als Subjekt wahrnimmt, sondern als Objekt, ist nicht in der Lage, andere als Subjekte zu behandeln.

Dazu der Autor und Neurobiologe Gerald Hüther: »Die Probleme, die wir haben, resultieren alle daraus, dass wir in einer Gesellschaft leben, in der Menschen versuchen, sich selbst auf Kosten anderer zu behaupten (Konkurrenzmodell). Im Konkurrenzmodell werden Menschen zu Objekten von Bewertungen, Erwartungen, Belehrungen, Absichten, Zielen und Maßnahmen. So findet keine Potenzialentfaltung, kein Austausch, keine Begegnung statt.«

Sinngemäß sagt Hüther weiter, dass in dem Moment, da wir uns ausgegrenzt, also nicht »gesehen« fühlen, dieselben Nervenzellen aktiviert werden wie bei körperlichem Schmerz. Die »Erste-Hilfe-Maßnahme« unseres Systems ist, den anderen oder auch sich selbst zum Objekt negativer Bewertungen zu machen. »Mutti Merkel« und »die Flüchtlinge« sind gute Beispiele dafür.

Die Crux an dieser Reaktion ist, dass sie uns eher abschneidet als verbindet. Sie vermeidet vielleicht kurzfristigen Schmerz, entfremdet uns jedoch noch mehr von den anderen und uns selbst. So ist kein Austausch mehr möglich, denn wenn immer die anderen schuld sind, ist damit die Möglichkeit verbaut, gemeinsam nach Lösungen zu suchen. Abwehr und Zusammenarbeit schließen sich aus. Ist der andere erst einmal Objekt, fällt es viel leichter, ihn zu bestrafen oder sich ihm gegenüber hart zu zeigen. Schließlich fühlt es sich ja so an, als sei der andere verantwortlich für die eigene Misere. Die Entwertung zum Objekt kann sogar so weit gehen, dass der andere komplett entmenschlicht wird. Dann ist er nur noch ein lebloses Ding, auf das sich problemlos einprügeln lässt. Mehr noch – derjenige, der eigentlich nur seinen eigenen Schmerz vermeiden will, fühlt sich sogar moralisch im Recht, wenn er auf den anderen verbal oder körperlich einschlägt.

Die sozialen Netzwerke sind voll mit Hassbotschaften, die eigentlich nur eins zeigen: Wer Geflohene bekämpft, statt jene zur Rechenschaft zu ziehen, die vor der Verantwortung flüchten, der ist zu feige, sich den Herausforderungen des eigenen Lebens und denen der Gesellschaft zu stellen. Wer sich weigert, den Schmerz der Opfer wahrzunehmen, der unterstützt die Täter. Dazu passt ein Satz aus Christa Wolfs Erzählung »Kassandra«: »Das alte Lied, … dass wir lieber den bestrafen, der die Tat benennt, als den, der sie begeht.«

Die Geflohenen sind es, die uns zeigen, was in der Welt passiert. Sie sind ein Abbild der Katastrophen. Der außen und der in unseren Seelen. Kaum jemand verlässt seine Heimat freiwillig und begibt sich auf eine lebensgefährliche Reise, wenn ihm nicht der Tod im Nacken sitzen würde. Der größte Teil derer, die sich auf den Weg begeben, erreicht den »reichen Westen« nicht einmal. Sie harren zu Millionen in Elendslagern vor den Toren Europas aus oder verhungern im eigenen Land. Sie sind heimatlos. Und das sind viele bei uns auch, allerdings auf eine andere Art. Viele fühlen sich heimatlos in ihrem eigenen Körper, in ihrem Umfeld und in der Gesellschaft. Ich behaupte, dass gerade jene, die so hart gegen die Geflohenen ins Feld ziehen, ebenjene sind, denen das »Heimatgefühl«, die Verbindung zu anderen und zu sich selbst schon lange verlorengegangen ist. Und darin liegt die eigentliche Tragik.

## HABEN ODER SEIN

Ich will es noch einmal wiederholen: Mit der Härte, die wir gegenüber den geflohenen Menschen zeigen, verurteilen und bestrafen wir nicht nur sie, sondern vor allem uns selbst. Indem wir unsere Schatten auf sie projizieren, verhindern wir Lösungen und bremsen unsere eigene Weiterentwicklung aus. Genau wie es nie gleichzeitig Abwehr und Zusammenarbeit gibt, können Abwehr und Wachstum nicht nebeneinander existieren. Wenn wir durch Abwehr alles Leid von uns halten wollen, wenn wir uns gegen all den Unbill dieser Welt versichern wollen, schneiden wir uns vom Leben ab. Dann rufen wir nach noch mehr Sicherheit, und die Politik und die Wirtschaft greifen diesen Ruf dankbar auf. Die Frage, wem etwas nützt, sollte man in diesen Tagen wiederholt stellen. Wem nützt es, wenn wir noch mehr Waffen exportieren? Wem nützt es, wenn wir unser Überwachungssystem noch weiter ausbauen? Hat es die Anschläge der letzten Zeit verhindert? Hat es Frankreich genützt, dass es seinen »Krieg gegen den Terror« verstärkt hat und dadurch noch mehr Zivilisten in Syrien ums Leben gekommen sind? Uns nützt es nicht. Im Gegenteil, die Ängste werden größer und der Ruf nach Sicherheit wiederum lauter.

Die Geflohenen legen den Finger unbewusst genau in unsere Wunde. Sie zeigen uns das, wovor wir am meisten Angst haben – dass sich das Leben in einem negativen Sinne verändern könnte. Sie bringen die Möglichkeit in unsere Wohnzimmer, dass unser Leben trotz aller Vorsichtsmaßnahmen nicht sicher ist. Sie wissen, dass es von heute auf morgen anders sein kann. Das macht den meisten von uns Angst. Diese Angst umfasst allerdings nicht nur unser Sicherheitsdenken oder die Möglichkeit, dass unser Schmerz herausbrechen könnte, sondern ebenso, dass uns etwas genommen werden könnte, über das wir nicht ausreichend verfügen.

Obwohl unsere Mülleimer überquellen, obwohl unsere Schränke und Speicher aus allen Nähten platzen, obwohl unser soziales Sicherheitsnetz zu den besten dieser Welt gehört, erleben sich viele als benachteiligt und nicht privilegiert. Die Geflohenen konfrontieren uns mit einer Angst, die tief in uns sitzt und die wir unbeirrt verdrängen. Die archaische Angst, trotz des ganzen Reichtums nichts wert zu sein.

Als ich auf dem »Schwimmwestenfriedhof« von Lesbos stand und die riesigen Berge von Schwimmwesten sah, ist mir einmal mehr klargeworden, dass in jeder Weste ein Mensch steckte. Das klingt lapidar, aber wenn man dort ist und die aufgetürmten Habseligkeiten, die vielen Kinderwesten, persönliche Gegenstände, Babyschuhe, Rucksäcke und Trinkflaschen sieht, dann bekommen die Tragödien plötzlich ein Gesicht. Natürlich hatte ich die Bilder zuvor im Internet oder in den Nachrichten gesehen. Aber sie direkt zum Anfassen vor mir zu haben war eine ganz andere Erfahrung. Nicht nur, dass es mich wirklich tief berührt hat und mir auch beim zweiten und dritten Besuch immer noch die Tränen über die

Wangen rollten, es hat darüber hinaus die Frage aufgeworfen, was die Geflohenen aufgegeben haben, um einzig und allein ihr Leben oder das ihrer Kinder zu retten. Ich bin nicht umhingekommen, mich zu fragen, was ich selbst in den Rucksack oder die Tasche packen würde, wenn es darum ginge, von heute auf morgen ganz neu anzufangen. Nicht, weil ich mich freiwillig dafür entschieden hätte, sondern gezwungenermaßen, weil mir und meiner Familie der Krieg oder Terroristen im Nacken sitzen.

Und mit diesen Fragen und Eindrücken bin ich nach meinem ersten Lesbos-Aufenthalt zurück nach Deutschland gekommen und musste in den sozialen Netzwerken Kommentare lesen, in denen von Markenklamotten, teuren Turnschuhen und den allerneuesten Handys die Rede war, die die Geflohenen angeblich bei sich tragen.

Menschen, die morgens aus vielen Paaren guter Schuhe auswählen können, sind neidisch auf jene, die über Monate ein Paar Schuhe tragen, weil sie nur dieses eine Paar haben? Und das oft auch nur, weil eine Hilfsorganisation entweder auf Lesbos oder in Deutschland unsere Wohlstandsreste verteilt hat.

Ich habe darauf geachtet, was die Menschen am Leib tragen, wenn sie aus den Booten steigen. Ich habe niemanden mit Markenturnschuhen gesehen. Was ich gesehen habe, waren nasse, oft heruntergekommene Sachen, weil die Geflohenen bereits eine lange Reise oder einen Aufenthalt in einem Flüchtlingslager hinter sich hatten. Wir haben viele direkt nach der Bootslandung mit neuen Sachen ausgestattet. Kleidung oder Schuhe, die zuvor von Helfern aus Deutschland oder der Schweiz nach Griechenland transportiert worden waren. Was wir dort verteilt haben, war unser Überfluss. Und – ja, darunter waren natürlich auch Markenturnschuhe.

Es ist absurd, die Geflohenen dafür anzugreifen, dass sie etwas tragen, von dem wir offensichtlich so viel haben, dass wir uns leisten können, es wegzuwerfen. Auch der Vorwurf, Geflohene würden die neuesten Handys bei sich tragen, ist nichts anderes als ein Ventil für die Aversionen gegen die Geflohenen. Wenn ich dieses Argument höre, dann würde ich gern jedes Mal eine Karte ausbreiten und die Wege zeigen, die diese Menschen hinter sich haben. Bei uns geht niemand zum Bäcker ohne sein Handy in der Tasche – und Geflohenen wirft man vor, dass sie etwas bei sich tragen, das ihnen den Weg zeigt, sie mit der Heimat verbindet, Informationsquelle ist, nachts bei der Überfahrt über das Mittelmeer die einzige Lichtquelle ist? Die meisten Telefone, die ich gesehen habe, sahen nicht neu, sondern beschädigt aus. Sie hatten zersprungene Scheiben oder tiefe Kratzer. Auf diese Art Sozialneid zu schüren ist, wie der Hass gegen »die da oben«, nichts als Ausdruck einer tiefen Frustration. Die hat ihre Ursache aber nicht in der aktuellen Situation in Deutschland. Auch nicht in der »Flüchtlingskrise«, sondern in unserer frühen Lebensgeschichte.

Was würde es mit uns machen, wenn wir alles zurücklassen müssten? Wenn wir gezwungen wären, all das, was uns lieb und teuer ist, aufzugeben? Schauen Sie sich kurz um. Vielleicht sitzen Sie ja gerade in Ihrer Wohnung. Im Kamin flackert ein Feuer, oder die Heizung strahlt Wärme ab. Vor Ihnen steht ein Laptop, und vor der Tür parkt Ihr Auto. Ihr Keller oder Dachboden quillt über vor Dingen, die Sie gerade nicht brauchen. Das Licht brennt.

Sie gehen in die Küche, holen sich etwas aus dem Kühlschrank, drehen den Wasserhahn auf, und es kommt sauberes Wasser aus der Leitung. Sie sehen sich um, sehen Ihre Frau oder Ihren Mann, Ihre Kinder, all das, was Sie umgibt. Schränke, Teppiche, Sofas, Fernseher. Nichts fehlt Ihnen wirklich. Auf Ihrem Konto liegt Geld. Vielleicht ist es wenig, aber Sie wissen, dass es möglich ist, es zu vermehren. Selbst wenn Sie gerade Ihren Dispo-Kredit ausschöpfen müssen oder Schulden haben – immerhin gibt es für Sie die Möglichkeit, sich Geld zu leihen. Und wenn Sie Ihren Job verlieren, dann ist für Sie gesorgt. Sie können zum Arzt gehen, wenn Sie krank sind. Vielleicht haben Sie eine Lebensversicherung, eine private Rentenversicherung. Wenn es Ihnen schlecht geht, sind Freunde da, die Sie auffangen und unterstützen.

Und nun stellen Sie sich vor, all das würde wegbrechen. Von heute auf morgen, weil Sie fliehen müssen. Weil Bomben fallen, weil geschossen wird, weil es plötzlich nichts mehr zu essen gibt. Sie begeben sich auf den Weg. Was Ihnen bleibt, sind Ihr Leben und die Klamotten, die Sie am Leib tragen. Vielleicht noch ein Spielzeug für die Kinder, ein paar Fotos und ein Smartphone, das Sie mit Ihrer Vergangenheit verbindet. Mehr nicht. Nur Sie. Ihr Atem, Ihre Kraft, Ihr Wille. Sonst ist da nichts mehr. Sie und Ihr Leben und vor Ihnen ein weiter Weg ins Ungewisse. Grenzzäune, Kälte, Hunger, Polizei und die Gewissheit, dass Sie nicht überall freundlich empfangen werden. Alles im 21. Jahrhundert. Niemand in Deutschland musste das in den letzten 70 Jahren erleben. Aber es gibt immer noch Zeitzeugen, die das erlebt haben. Die Geschichten erzählen können. Auch in meinem Umfeld habe ich Menschen, die während des Zweiten Weltkriegs alles zurücklassen und fliehen mussten und als »Flüchtlingspack« beschimpft wurden. Es täte vielen von uns gut, nicht die Augen davor zu verschließen, dass es uns wieder treffen kann. Der Grat, der uns von dem Elend und dem Leid dieser Welt trennt, ist schmal. Noch sind wir »sicher«, aber dafür, dass es so bleibt, gibt es keine Garantie. Und was wir in unsere Überlegungen einbeziehen sollten: Der Schrecken, den wir hier erleben, wenn ein Terroranschlag das Land erschüttert – dieser Schrecken ist in Syrien Alltag. Fragen Sie sich: Würden Sie bleiben?

Die Art und Weise, wie viele Menschen ihren Frust, das eigene Gefühl, abgehängt worden zu sein, eins zu eins nach außen projizieren, sagt viel darüber aus, welche Rolle »Selbstverantwortung« in unserer Gesellschaft spielt.

»Die Geflüchteten konfrontieren uns nicht nur mit unserer privilegierten Lebenssituation, sondern auch mit unserer eigenen Unfähigkeit, ein vorgefertigtes Leben mit mutigen Entscheidungen zu unserem eigenen Leben zu machen«, sagte der Psychoanalytiker Matthias Wellershoff in einem Interview.[28]

Ich finde, das ist ein ganz wichtiger Aspekt, denn an dieser Stelle zeigt sich, wie viel Selbstverantwortung wir in uns tragen. Ein Blick in den Spiegel offenbart, wer für das eigene Leben verantwortlich ist. Niemand anderes als man selbst. Kein Politiker, kein Chef, kein Partner, kein »Flüchtling«. Sicher gibt es Umstände, die das Leben manchmal zu einer Herausforderung anwachsen lassen, aber es liegt immer in der eigenen Hand, wie man auf etwas reagiert. Selbstverantwortlich zu leben erfordert ein hohes Maß an Ehrlichkeit sich selbst gegenüber und die Anerkennung der eigenen Bedürftigkeit.

Auch in diesem Zusammenhang spielen unsere Gefühle eine zentrale Rolle. Sie sind Informationsträger für den Seelenzustand, für das Wohlbefinden. Wer sie nicht deuten kann, verliert sein Selbst. Es ist gut zu wissen, wie man sich in einer Situation fühlt, um dann entscheiden zu können, wie man handelt. Selbstverantwortliches Handeln setzt die Fähigkeit zu fühlen voraus. Wer nicht selbstverantwortlich handeln kann, lebt nicht sein Leben, sondern das Leben anderer. Er wird sozusagen gelebt. Von dem, was die Eltern vorgegeben haben, von dem, was die Gruppe sagt, von dem, was andere für richtig halten.

In ihrem Buch *Fünf Dinge, die Sterbende am meisten bereuen* benennt die Palliativpflegerin und Autorin Bronnie Ware konkret, worauf es im Leben ankommt. Sie erzählt es anhand von Geschichten Sterbender, die sie begleitet hat. Es ist tragisch, dass die meisten Menschen erst begreifen, was wichtig gewesen wäre, wenn das Leben sich dem Ende entgegenneigt.

*Ich wünschte, ich hätte den Mut gehabt, mein eigenes Leben zu leben.*

*Ich wünschte, ich hätte nicht so viel gearbeitet.*

*Ich wünschte, ich hätte den Mut gehabt, meinen Gefühlen Ausdruck zu verleihen.*

*Ich wünschte, ich hätte den Kontakt zu meinen Freunden gehalten.*

*Ich wünschte, ich hätte mir mehr Freude gegönnt.*

Nicht dem Auto, nicht der Arbeit, nicht dem Geld auf dem Konto trauern die Menschen nach. Es geht um das Sein – nicht um das Haben. Zu haben verleiht unserem Leben keinen Sinn. Es mag eine Leidenschaft befriedigen, einen gewissen Lustgewinn bringen, aber es nährt unsere Seele nicht. Außerdem hat der Gewinn nur eine kurze Halbwertzeit. Darum der ständige Ruf nach mehr. Ein noch größeres Auto, wieder ein neues Handy oder Tablet, einen noch größeren Fernseher usw. Die Geflohenen konfrontieren uns auf eine radikale Art mit der Tatsache, dass das alles Beiwerk ist, auf das verzichtet werden kann – und vielleicht aufgrund der Umstände auch darauf verzichtet werden muss. Sie *sind*, während wir *haben*. Mit ihrem Sein demonstrieren sie, dass wir uns verirrt haben, dass die Illusion vom glücklich machenden Reichtum eben genau das ist: eine Illusion. Nicht mehr und nicht weniger.

So abwegig es klingen mag, aber Sterbende und Geflohene haben eines gemeinsam: Sie haben nichts zu verlieren. Dieser Umstand erlaubt es ihnen, authentisch zu sein. Mag es bei den Geflohenen auch ein kleines Zeitfenster sein, bis die »Normalität« sie wieder einholt, aber in diesem Fenster sind sie sehr dicht an dem dran, was wir als »die Wahrheit« bezeichnen. In diesem Zeitfenster brauchen sie keine Masken. Sie sind einfach sie selbst. Traurig, fröhlich, verletzt, zerrissen, empört.

Die – gemessen an der Länge meines Lebens – wenigen Momente, die ich in Idomeni und auf Lesbos mit geflohenen Menschen erlebt habe, gehören mit zu den intensivsten Augenblicken. Was mich allerdings im Nachhinein am stärksten berührt hat, war, wie sich diese ungebändigte Kraft, die ich bei ihnen gesehen habe, als sie aus den Booten stiegen, wieder in etwas Alltägliches verwandelt hat. Zwischen meinem ersten und meinem zweiten Aufenthalt in Idomeni lagen weniger als zwei Monate. Aber das, was ich dort erlebt habe, fühlte sich an, als würden Jahre dazwischenliegen. Das, was ich wahrgenommen habe, war nicht dem Umstand zuzuschreiben, dass sich die Menschen, die in Idomeni gelebt haben, mit der Situation arrangiert hatten. Nein, es lag eher daran, dass die westliche Welt nach ein paar Tagen des Staunens über dieses Zeltlager einfach wieder in ihren Abwehrmodus gewechselt hat. Und es war die Erfahrung, dass Warten Menschen zermürben kann. Ihnen Kraft raubt.

Wie sagte einer der Geflohenen: »Schlimmer als das Sterben in Syrien ist das langsame Sterben hier in Idomeni.« Dazu passen die Worte von Jan M. Piskorski: »Angst und Warten und am Ende das verzweifelte Warten auf ein Eingreifen der Vorsehung sind die Begleiter von Flüchtlingen überall auf der Welt und zu jeder Zeit. Die Entwurzelten gelangen am Ende immer ans Meer, symbolisch oder real, wo alle Wege enden. Und dann kommt ein Schiff, das viel zu klein ist für alle – Symbol der Verzweiflung, aber auch der Hoffnung.«[29]

Die folgenden Zeilen habe ich nach meinem zweiten Idomeni-Aufenthalt geschrieben. Sie verdeutlichen meine Wahrnehmung, dass das Warten die Menschen zermürbt.

Der Straßenhund hebt den Kopf, dann wedelt er kurz mit dem Schwanz und kommt auf mich zu. Er sagt nicht »Hello« wie die Kinder von Idomeni. Er zupft nicht an meinem Pulli, greift nicht in meine Taschen oder streckt die Hand für ein »Gib check« aus. Nein. Er bleibt stehen und schaut mich mit seinen liebevollen, braunen Augen an.

Mir war vorher schon zum Heulen zumute. Jetzt gibt es kein Halten mehr. Am liebsten würde ich mein Gesicht in seinem Fell vergraben, ihn an mich ziehen und ihm von meinem Kummer erzählen. Aber er stinkt, und als er merkt, dass ich außer meiner Traurigkeit nichts zu geben habe, zieht er weiter. Und so stehe ich in Thessaloniki. An einem Sonntagabend. Die Nacht verschluckt die Farben, während die laute Musik, die Stimmen und das Gelächter aus dem Club auf der anderen Straßenseite die Nacht verschlucken. Es fühlt sich an, als rausche das alles an mir vorbei. Ich sehe nicht die Stadt, nicht den griechischen Frohsinn, spüre nicht die laue Frühlingsluft. Stattdessen ätzt der beißende Gestank der Lagerfeuer noch in meiner Nase. Meine Augen brennen, ich höre das Weinen und Lachen der Kinder von Idomeni und merke, wie die Bilder des Tages, alles Erlebte, die Hitze und die Lethargie, die über dem Camp lagen, tonnenschwer auf meine Seele drücken. Als Kind wollte ich die Welt retten, steht auf meiner Homepage. Ein ehrliches und doch zugleich größenwahnsinniges Anliegen, das zwangsläufig scheitern muss. Ich weiß das, und doch fühlt es sich heute an, als hätte ich versagt.

Schlimmer noch, als in Idomeni zu sein, ist das Wegfahren. Der Blick in den Rückspiegel, das Gefühl, dass man sich davonschleicht, während jene dort in ihrer Not ausharren müssen. Auch ein paar Stunden und zwei Gläser Wein später hält mich diese Empfindung im Würgegriff, und bis auf meine Tränen gibt es nichts, das mir helfen könnte, dem zu entkommen.

Eigentlich ist alles schon geschrieben, gesagt und gezeigt worden. Die Zelte, der Dreck, die Kinder, der Müll, die Verzweiflung, die

*Bisse von Skorpionen, die Schwangeren, die Wut, die Kranken, der Gestank, die Feuer, die Verletzungen, die Not, die Babys, der Mangel, die Schlangen, das Drama. Und doch gibt es jetzt nach über zwei Monaten noch etwas hinzuzufügen. Etwas, das mich bei meinem zweiten Besuch in Idomeni frontal ins Herz getroffen hat. Das Warten. Die Tatsache, dass dieses Camp Alltag geworden ist. Keinen Nachrichtenwert mehr hat. Es gibt keine Übertragungswagen mehr. Keine Menschentraube, die vor dem geschlossenen Grenztor ausharrt. Keine Sitzblockaden auf den Gleisen. Kaum noch Fotografen. Man hat sich eingerichtet. Die europäische Politik in ihrem Nichtstun, die Menschen hier notgedrungen in ihrem Elend. Dazwischen stecken jene, die helfen und dabei meist weit über ihre eigenen Grenzen gehen. Das ist für mich die eigentliche Katastrophe. Dass nun schon das Helfen Alltag ist. Auch für uns, die wir zu Hause vor unseren Bildschirmen sitzen. Wir sehen die Bilder, klicken sie an, liken sie, spenden, empören uns, unterzeichnen Petitionen, helfen, wo es geht, vor Ort. Aber es scheint, als ob das nicht reicht. Und darum hier wie dort: Enttäuschung, Schwere und Warten.*

*Bevor ich nach Idomeni aufgebrochen bin, hatte ich mich mit Michael Grossenbacher verabredet. Er ist für die Hilfsorganisation schwizerchrüz.ch – unter deren Dach ich auch schon auf Lesbos war – dort. Wir telefonierten uns zusammen, trafen uns auf den Bahngleisen und gingen gemeinsam rüber zur »Old Train Station«, der alten Bahnstation von Idomeni. Hier, ein wenig abseits vom Hauptcamp, sind unter einem maroden Glasdach circa 100 Zelte aufgebaut. Dicht an dicht, ohne Privatsphäre, ohne irgendeinen Komfort. Lediglich das Dach schützt vor der prallen Sonne und dem heftigen Regen, der hier ab und an niedergeht. Wir warteten, weil eigentlich noch jemand dazukommen wollte und wir gemeinsam mit zwei frisch eingetroffenen Volontären das Camp besichtigen wollten. Aber dazu kam es* nicht, denn plötzlich fuhr ein Bus vor. Junge Leute mit gezückten Handys stiegen aus und wollten Hilfsgüter verteilen.

Keiner wusste, wer sie waren, und offensichtlich hatten auch sie so gar keine Ahnung davon, was sie hier erwartete, sodass sich in Sekundenschnelle eine riesige, unkontrollierbare Menschentraube bildete. Männer, Frauen, Kinder, die natürlich etwas von dem, was gebracht wurde, haben wollten. Die Stimmung war hitzig, es kam zu ernsthaften Rangeleien, und es brauchte mehrere rigorose Helfer, die eingriffen und diese Aktion in geordnete Bahnen lenkten. »Hier kommt man nicht einfach so her und verteilt.« Michael war außer sich. Er schimpfte und fluchte über so viel Ignoranz. Und da zeigte er sich, der Alltag. Selbst die Helfer sind mittlerweile ein eingespieltes Team. Da pfuscht keiner dem anderen ins Handwerk.

Ich seilte mich ab und drehte mehrere Runden durchs Camp. Freute mich darüber, dass weniger Müll herumlag. Dass die Griechen einen Reinigungstrupp durchs Camp geschickt hatten. Ich spielte mit Kindern, putzte ihnen die Nasen, schimpfte, als sie eine Schildkröte quälten. Ich nahm ein elf Tage altes Baby auf den Arm, kaufte auf dem Schwarzmarkt ein paar Lebensmittel für die Familie ein, hörte mir Geschichten an, versicherte denen, die es verstanden, dass man sie nicht vergessen würde. Und jedes Mal, wenn ich das sagte, gab es einen kleinen Stich in meinem Herz. Kann man Hoffnung geben, wenn man selbst kaum noch welche hat? Es war schwer auszuhalten, in die Augen der Menschen zu blicken. Ihre Verzweiflung zu sehen und ihre Traurigkeit. Mehr als einmal stand ich ganz schnell auf und verabschiedete mich, weil es mir so die Kehle zuschnürte. Und das, obwohl ich doch eigentlich helfen und Trost spenden wollte.

Und dann gab es Sternenmomente wie diesen. Als ich durch das kleine Dorf Idomeni ging, das etwas abseits vom Camp liegt, entdeckte ich im Vorgarten eine Wäscheleine. Blitzsauber hingen Dutzende Plüschtiere und Puppen in einer Reihe. Die alte Frau, die im

*Garten arbeitete, sah mich an, blickte zu der Leine, wieder zurück zu*
*mir, und dann nickten wir uns zu und lächelten beide.*

*»Wie gut, dass es das Meer gibt, auf das man starren kann, wenn die*
*Welt ringsherum aus den Fugen gerät«, schrieb ich am nächsten*
*Morgen in meinen Facebook-Account, während ich an der Kaimau-*
*er in Thessaloniki saß und auf das spiegelglatte Wasser schaute. Die*
*Schwere war noch nicht verflogen, die Bilder nicht vergessen. Ich saß*
*da und hoffte, dass später in den Geschichtsbüchern mal etwas über*
*Idomeni steht. Dass meine Enkel erfahren, wie die Politik Europas*
*hier versagt hat. Ich hoffte, dass jene, die das zu verantworten*
*haben, irgendwann dafür zur Rechenschaft gezogen werden.*
*Wenn schon nicht vor einem Gericht, dann doch wenigstens in dem*
*Moment, da sie das Resümee ihres Lebens ziehen und feststellen*
*müssen, dass Humanismus der Schlüssel für ein sinnvolles Leben*
*gewesen wäre.*

## DIE KRAFT DER GEMEINSCHAFT

Meine Erfahrungen in Griechenland und Frankreich haben mir
gezeigt, dass Glück und Würde völlig unabhängig von materiellen
Besitztümern existieren. Trotz der unglaublich schlechten Lebensbedingungen, die in Idomeni herrschten, habe ich selten so freundliche und lächelnde Menschen getroffen. Ich wurde in Zelte eingeladen – und das Wenige, was sie besaßen, haben sie mit mir geteilt.
Das ist keine Idealisierung der Zustände dort, aber wenn ich mich
hier in Berlin oder in anderen Städten Deutschlands umschaue,
dann begegnen mir viele Menschen, die ihre Lebendigkeit verloren
haben. Die wie Kampffische um sich beißen, wenn es darum geht,
ihr Heim, ihr Wissen oder ihre Privilegien zu verteidigen. Un-
glückliche, isolierte Individuen, die sich träge in ihren Komfortzo-

nen bewegen, die immer enger werden. Vielleicht sind die Komfortzonen schick ausgestattet, bieten Luxus, machen satt. Aber sie nähren die Seelen nicht. Wie denn auch, wenn kein wirklicher Austausch mehr stattfinden kann?

Wann hatten Sie Ihr letztes tiefgründiges Gespräch mit einem fremden Menschen? Wann haben Sie einem anderen zugehört, ohne Ihre Meinung zu sagen? Wann haben Sie das letzte Mal etwas gewagt? Etwas zum ersten Mal getan? Den Mut bewiesen, Ihre eigenen Grenzen zu überschreiten? Wann waren Sie das letzte Mal so richtig begeistert? Ich meine nicht erfreut oder glücklich, sondern so begeistert, dass jede Zelle Ihres Körpers vibriert hat? Wann hatten Sie das letzte Mal intensive Gefühle? Wann ging es in einem Gespräch mal nicht um »mein Auto, mein Haus, meine Kinder«?

Die Leben der meisten Deutschen spielen sich einem relativ eng gesteckten Rahmen ab. Über kleine bis mittlere Ausschläge im Positiven oder Negativen kommen die wenigsten hinaus. Sie wählen die Schmalspurschnellbahn, obwohl es links und rechts unglaublich viel zu entdecken gäbe. Um auszubrechen aus diesem eingefahrenen Leben, gehört viel Mut. Mut und die Kraft, Rückschläge einzustecken, ohne gleich das Handtuch zu werfen. Ebenso der Wille, auch Durststrecken auszuhalten oder auf etwas zu verzichten. Wir leben jedoch nach dem Lustprinzip. Nahrung, sexuelle oder soziale Befriedigung, erotische und geistig-intellektuelle Befriedigung – all das steht uns zur Verfügung. Wir schwelgen im Überfluss der Möglichkeiten.

Aber radikaler Hedonismus, wie wir ihn praktizieren – also ein Leben nach dem Lustprinzip bei gleichzeitiger Vermeidung von Schmerz –, ist nicht nur purer Egoismus, sondern ein Lebenskonzept, das uns genau dorthin führt, wo wir eigentlich nicht sein wollen.

Da können wir noch so strahlend den 10 000 Instagram-Followern zulächeln. Niemand von denen nimmt uns in den Arm, wenn die Kamera aus ist und wir uns nach Nähe sehnen. Niemand von denen gibt unserem Leben Bedeutung.

So schreibt Erich Fromm in *Haben oder Sein*: »Theoretische Überlegungen ergeben, dass der radikale Hedonismus in Anbetracht der menschlichen Natur nicht der richtige Weg zum ›guten Leben‹ ist, und sie zeigen, warum er es nicht sein kann. Doch selbst ohne diese theoretische Analyse geht aus den verfügbaren Daten ganz klar hervor, dass unsere ›Jagd nach dem Glück‹ nicht zu Wohl-Sein führt. Wir sind eine Gesellschaft notorisch unglücklicher Menschen: einsam, von Ängsten gequält, deprimiert, destruktiv, abhängig – jene Menschen, die froh sind, wenn es ihnen gelingt, jene Zeit ›totzuschlagen‹, die sie ständig einzusparen versuchen.«

Man hat den Eindruck, dass das Lustprinzip, nach dem wir leben, zu immer mehr Lustlosigkeit führt. Haben füllt uns nicht aus. Im Gegenteil – es ist wie ein Fass ohne Boden. Wer hat, will mehr. Wer hat, blickt neidisch zu denen hinauf, die mehr haben und feindselig oder herablassend auf die, die weniger haben. Aus Angst, sie könnten etwas wegnehmen. Trotzdem ist die Mehrung von Besitz nach wie vor ein Leitprinzip unserer Gesellschaft. Vorgegeben von einem Wirtschaftssystem, das nicht das Wohl des Menschen als oberste Prämisse setzt, sondern das Wachstum des Systems. Kommuniziert wird das so nicht, ganz im Gegenteil. Kommuniziert wird, dass Konsum uns glücklich macht. Fromm schrieb dazu: »Diese These wurde durch eine Hilfskonstruktion abgestützt, wonach genau jene menschlichen Qualitäten, die das System benötigte – Egoismus, Selbstsucht und Habgier – dem Menschen angeboren seien; sie seien somit nicht dem System, sondern der menschlichen Natur anzulasten.«

Interessant in diesem Zusammenhang ist, dass Menschen, die dem Leistungs- und Lustprinzip nicht folgen, gern als naiv, lebensuntüchtig und primitiv herabgestuft werden.

Doch: »Was nützt es dem Menschen, wenn er die ganze Welt gewinnt, sich selbst aber verliert und Schaden erleidet?«, fragt Jesus.[30]

Das, was uns glücklich, lebendig und gesund macht, ist Gemeinschaft. Der kreative Austausch mit anderen. Die Hand, die uns jemand reicht oder das großartige Gefühl, das uns durchflutet, wenn wir anderen die Hand reichen können oder gemeinsam etwas schaffen. Der Autor und Coach Roland Arndt sagt: »Allein können wir noch so gut sein, irgendwann gelangen wir an den Punkt, wo wir andere Menschen einbeziehen, um ein interessantes Leben zu führen. Insofern bedeutet Erfolg: Gemeinsamkeit.«

Was uns darüber hinaus glücklich macht, ist aktiv unser Leben zu gestalten. Zu agieren, statt zu reagieren. Allein und gemeinsam. Gemeinschaft und gemeinschaftliche Lösungen zu suchen ist die einzige Möglichkeit, unsere Welt vor dem Kollaps zu bewahren. Kreativer Austausch ist etwas, das Maschinen nicht leisten können. Und Maschinen sind es, die uns mehr und mehr ersetzen und uns unserer Bedeutung berauben. Wir können den Fortschritt noch so feiern, aber mit jeder neuen »intelligenten Lösung« brechen wir uns ein Stück aus unserer Krone heraus. Ersetzen können wir es nur, indem wir wieder Pfade beschreiten, die nur für uns zugänglich sind. Liebe, Menschlichkeit und Co-Kreativität. Dazu ist nur der Mensch fähig.

Setzen wir uns gemeinsam für Frieden ein, statt gegen die zu kämpfen, die vor Krieg flüchten! Stehen wir gemeinsam auf, wenn wir unzufrieden mit der Politik der Regierung sind! Gestalten wir unsere Zukunft, statt über die Zustände zu lamentieren! Wenn wir etwas bewirken wollen, brauchen wir mehr als Gegenparolen. Die Proteste in Dresden oder Leipzig zeigen zwar Aktionismus, aber keinerlei Veränderungswege auf. Hier geht es lediglich um Widerstand. Und zwar »gegen Ausländer, gegen Merkel, gegen die Lügenpresse«.

Das ist infantil. So wie Kinder alles »hassen«, was ihnen nicht passt, vor allem dann, wenn sie sich ohnmächtig ausgeliefert fühlen, so hassen die Pegida-Mitläufer das, was ihnen Angst macht und was sie nicht durchschauen können oder wollen. Angst mit Hass zu bekämpfen ist eine Sackgasse, die nicht selten in Gewalt endet, wie wir an Beispielen wie Clausnitz ablesen können. 2015 gab es 122 Brandanschläge auf Flüchtlingsunterkünfte. Die Gewalt trifft jene, die für den Frust und den Hass der Brandstifter am wenigsten können.

Auch linksradikale Gruppierungen schlagen in diese Kerbe. Die Feindbilder beider Gruppierungen ähneln sich sogar. Der Staat, die Macht, die Eliten sind Feinde, die mit Gewalt bekämpft werden. Mit welchem Ziel? Was bringt es, Polizisten zu verprügeln, Steine in Schaufenster zu werfen, Autos oder Notunterkünfte anzuzünden? Hilft das der Gemeinschaft? Uns allen? Unserem Land? Wer wirklich etwas verändern will, muss sich *für* die Veränderung einsetzen und nicht *gegen* sie. Das ist ein Unterschied. Dass das funktionieren kann, hat die Friedliche Revolution, die das Ende der DDR einläutete, eindrucksvoll bewiesen. Diejenigen, die von der ersten Stunde an dabei waren, haben wirklich etwas riskiert. Sie sind nicht auf die Straße gegangen und haben »Honecker muss weg« gebrüllt.

Fast sieben Jahre, bevor der Protest auf der Straße sichtbar war, hatten sich Intellektuelle, Künstler und Kirchenangehörige zu Bürgerinitiativen zusammengeschlossen. Als später die Montagsdemonstrationen durch die Straßen zogen, ging es nicht darum, Honecker zu hängen oder die DDR zu stürzen, sondern die Parole »Wir sind das Volk« trug die eindeutige Botschaft in sich, dass man sich nicht weiter betrügen, bevormunden und gängeln lassen wollte. Das, was verbreitet wurde, waren keine »Wir sind dagegen«-Botschaften, sondern klare Forderungen. Im Grunde ging es darum, mit allen gemeinsam eine »bessere« DDR zu kreieren. Die Initiatoren der »Wende«, jene, die den friedlichen Sturz der DDR-Diktatur eingeläutet haben, haben viel gewagt. Sie haben den Rahmen des kleinlichen Denkens gesprengt, haben aktiv gestaltet, waren mutig und entschlossen – und viele haben die Belange der Menschen über die eigenen Befindlichkeiten gestellt. Dafür wurden nicht wenige von ihnen verhaftet. Aber das nahmen sie im Sinne der Sache in Kauf.

Das ist eine Grundhaltung, die ich bei den rechtspopulistischen Parteien oder bei Pegida-Mitläufern heute nicht erkennen kann. Ihnen geht es nicht darum, dass alle es besser haben sollen. Das würde ja jene, die zu uns gekommen oder noch auf dem Weg sind, mit einschließen. Es geht darum, bloß nichts von dem Kuchen abzugeben, den »Wilden« und »Primitiven« nicht das Feld zu überlassen. Alles, was nach Veränderung riecht, fernzuhalten und zu bekämpfen. Der Blick wird auf den »Feind« oder den »illegalen Einwanderer« gerichtet, der nur zu uns kommt, um sich zu bedienen.

Damit diese krude Sicht Bestand hat, werden die Einzelschicksale und das Elend ausgeblendet. Dann werden Geflohene zu einer breiigen, undefinierbaren Masse zusammengefasst, die in ihrer Dimension weitere Ängste schürt. Menschen werden entmenschlicht – und damit entmenschlichen wir uns selbst. Um für diese Haltung eine gesellschaftliche Akzeptanz zu erlangen, bedienen sich die rechtspopulistischen und rückwärts gerichteten Kräfte einer sehr machtvollen Waffe: unserer Sprache.

## DIE BEDEUTUNG DER SPRACHE

Sprache und Gefühle sind eng miteinander verknüpft. Mithilfe der Sprache drücken wir unsere Gefühle aus. Andersherum sorgen Gefühle manchmal auch dafür, dass wir sprachlos sind oder förmlich »übersprudeln«. Und gerade weil Sprache und Gefühle so dicht miteinander verwoben sind, ist es ein Leichtes, uns darüber zu manipulieren. Wir geben dem, was gesagt wird, meist mehr Gewicht als dem, was wir intuitiv fühlen. Obwohl wir, weit bevor das erste Wort gesagt ist, über die Spiegelneuronen in unserem Gehirn die Gefühlslage des Gegenübers instinktiv erfassen, geben wir oftmals den Worten mehr Gewicht als unserer Intuition. Worte sind wirksam. Sie beeinflussen unsere Gefühle und unsere Wahrnehmung. Somit formen sie unsere Realität. Allein die permanente Wiederholung eines Wortes oder einer Wortkombination sorgt dafür, dass sich das, was wir hören oder lesen, wahr anfühlt.

Der deutsche Romanist und Politiker Victor Klemperer bemerkte in diesem Zusammenhang, dass Wörter dieselbe Wirkung wie winzige Dosen Arsen haben können: »Sie werden unbemerkt verschluckt, sie scheinen keine Wirkung zu tun, und nach einiger Zeit ist die Giftwirkung doch da.«[31]

Beobachtet man in diesem Kontext die Rhetorik der AfD, mancher Journalisten oder einiger Politiker, dann fällt auf, dass sie sich diese Gesetzmäßigkeit zunutze machen. Mit stetiger Regelmäßigkeit wird provoziert, werden gezielt rhetorische Spitzen gesetzt, an denen sich die Medien im Gleichklang empören und sich das Volk in den sozialen Netzwerken abarbeiten kann.

Viele Vergleiche mit dem Nationalsozialismus hinken, aber was den gezielten Einsatz von Sprache betrifft, lässt sich die Ähnlichkeit nicht leugnen. Die Nationalsozialisten haben ihre Kommunikation nicht dem Zufall überlassen, sondern die Kraft von Wörtern als Instrument der Massenbeherrschung genutzt. Menschenverachtung war ein Kernthema dieser grausamen Ideologie, und es ist erschütternd, wie sich Geschichte wiederholt. Hermann Göring sagte noch am 18. April 1946: »Das Volk kann mit oder ohne Stimmrecht immer dazu gebracht werden, den Befehlen der Führer zu folgen. Das ist ganz einfach. Man braucht nichts zu tun, als dem Volk zu sagen, es würde angegriffen, und den Pazifisten ihren Mangel an Patriotismus vorzuwerfen und zu behaupten, sie brächten das Land in Gefahr. Diese Methode funktioniert in jedem Land.«[32]

Heute werden auf dieselbe Art Menschen mobilisiert. Nicht nur bei uns in Deutschland. Überall funktioniert Propaganda nach diesem Muster. So lässt die AfD (wie natürlich andere Parteien auch) hochprofessionelle Werbeagenturen für sich arbeiten, um mit wenigen Worten, meist nur Behauptungen, etwas in die Welt zu setzen, was nachhaltig auf unsere Gefühlslage wirkt. Das Ziel ist, zu verängstigen. Darum wird vor der »Invasion«, der »Überschwemmung«, der »Massenzuwanderung«, der »Überfremdung« oder davor, dass »das Boot voll ist« gewarnt. All das sind Begriffe, die wir mit Bedrohung assoziieren. Auch das Wort »Eliten« spielt eine Rolle, wenn es darum geht, sich die Politikverdrossenheit und den Neid breiter Bevölkerungsschichten zunutze zu machen. »Die da oben« haben es verbockt. Die, »die sich für etwas Besseres halten«, sind Verbrecher.

Aber es ist nicht nur die AfD, die Ängste schürt. Polemik ist gesellschaftsfähig geworden. Selbst die Leitmedien schrecken nicht davor zurück, Bedrohungs- oder Kriegsszenarien aufzubauen. Da wird von der »Flüchtlingsfront« berichtet – und selbst das kleine Wörtchen »noch« suggeriert uns, dass der Kollaps eigentlich unausweichlich ist. »*Noch* schaffen wir es, *noch* sind wir in der Lage, aber …«

Die Journalistin Karin Janker schreibt dazu: »Der so erzeugte Suspense [Spannung] schafft ein Gefühl der Unsicherheit und des

Ausgeliefertseins. Ein dramaturgischer Kunstgriff, der bei der Berichterstattung über Flüchtlinge allerdings unangebracht ist. Eine Verschärfung des Konflikts vorherzusehen und sie herbeizureden, sind zwei unterschiedliche Dinge.«[33]

Auch das Wort »Flüchtlingswelle«, das gebetsmühlenartig benutzt wird, löst in uns eine Assoziation aus, die wiederum Ängste schürt. Die »Welle«, die uns »überrollt«. Gegen die wir uns »nicht wehren können«. Der wir »nichts entgegenzusetzen« haben. Das potenziert sich, wenn aus der »Welle« auch noch eine »Flut« wird. Das ist ein Wort, das von vornherein die Möglichkeit ausschließt, ihrer Herr werden zu können. Die »Flut« soll draußen bleiben. Abgewandt werden.

Wir alle kennen die erbarmungslose Kraft eines Tsunamis. Die Bilder aus Thailand oder Japan hat wohl jeder gesehen – und wenn nun im Zusammenhang mit »Flüchtlingen« von »Massen«, von »Flut« und »Katastrophe« die Rede ist, dann unterscheidet sich das, was bei uns als Bild im Gehirn ankommt, kaum von der Naturkatastrophe. Bundesfinanzminister Schäuble bezeichnete die Zuwanderung von Schutzsuchenden sogar als »Lawine«. Kein Wunder, dass viele fürchten, von ihr überrollt zu werden, oder die »Flut« nicht bewältigen zu können, unterzugehen.

So wird zwar an Gefühle, jedoch nicht an unser Mitgefühl appelliert. Im Gegenteil. Solche Begrifflichkeiten lösen Angst aus. Angst dominiert jedes andere Gefühl. Gleichzeitig funktionieren die Begriffe wertend. Sie setzen den einzelnen Menschen herab und lassen ihn in einer undefinierbaren, noch dazu angeblich gefährlichen Masse verschwinden.

Auch das Wort »Flüchtling« weckt ganz bestimmte Bilder in uns. Die Linguistin Elisabeth Wehling sagt in einem Interview: »Die Endung ›-ling‹ macht diese Menschen klein und wertet sie ab.

Denn das Kleine steht im übertragenen Sinn oft für etwas Schlechtes, Minderwertiges.«[34]

Denken Sie an »Fiesling«, »Widerling« oder »Häftling«. Gleichzeitig macht das Wort den Menschen zu einem, der unter uns steht, also noch keine gleichwertige Reife besitzt, wie die Worte »Lehrling«, »Schützling«, »Schwächling«, »Feigling«, »Säugling« zeigen. Ja sogar der »Frühling« steht in dieser Reihe als nicht ausgereifter Sommer.

Das Wort »Flüchtlinge« erzählt uns nichts über den einzelnen Menschen. Es ist wie das Wort »Bücher«. Im Grunde nichtssagend, sondern nur eine Information, der unser Gehirn ein Bild zuordnet. Es offenbart nicht, welche Geschichten sich dahinter verbergen. Aber das, was wir derzeit erleben, die Fluchtbewegung – sie ist ein Ozean voller Episoden, Vergangenheiten, Dramen. »Flüchtlinge« funktioniert auch ähnlich wie das Wort »Ausländer«. Das sagt noch drastischer, dass da eine Menschengruppe gemeint ist, die mit uns nichts zu tun hat. Sie wird schon verbal aus unserem Land ausgeschlossen.

Menschen, die so argumentieren, müssen sich nicht anstrengen, ihre Ideologien unters Volk zu bringen, denn der Boden, auf den ihre Worte fallen, ist nach wie vor fruchtbar. Gut zu erkennen ist das daran, wie die Worte nachwirken. Seit Monaten kommen kaum noch Geflohene zu uns nach Deutschland – und trotzdem fühlt sich die Bedrohung für viele noch akut an.

Der Zweite Weltkrieg mag längst Geschichte sein – das, was er in den Köpfen und Herzen angerichtet hat, ist es nicht. Der Krieg wohnt nach wie vor in uns. Die Verachtung gegenüber Andersdenkenden, die Urangst vor der diffusen Bedrohung, all das haben wir verinnerlicht. Auch die dritte Generation nach Kriegsende trägt dieses Erbe in sich. Um das zu erkennen, reicht ein Blick in die sozialen Medien, in Foren, Kommentarspalten oder auf Slogans von einigen Politikern. Wer vor blauem Hintergrund lächelt und wie vor 80 Jahren auf die Mobilisierung von Massen setzt, der spielt ganz gezielt mit der Angst. Die Waffen sind: eine kleine Anzahl von Themen und Schlagwörtern, ein niedriger geistiger Anspruch und die Vermeidung von Differenzierungen. So schreibt die AfD am 27.7.2016 auf ihrem Facebook-Profil: »Nicht alle Muslime sind Terroristen, aber religiös motivierter Terror in Deutschland ist bisher immer muslimisch gewesen. Wir können es uns aus Sicherheitsgründen nicht mehr leisten, noch mehr Muslime unkontrolliert nach Deutschland einwandern zu lassen. Unter den illegal eingewanderten Muslimen sind Terroristen, und deren Zahl steigt ständig.«

Darunter zu sehen: ein Bild von Alexander Gauland vor blauem Hintergrund und neben ihm der Slogan: »Asylrecht für Muslime umgehend aussetzen«.

Um die Gewalt, die hinter diesen Worten steckt, zu erkennen, muss man sich die Zeit nehmen, darüber nachzudenken. Auch an dieser Stelle wäre es gut, einen Blick in die Geschichte zu werfen und die Parallelen zu erkennen. Gauland stellt sich mit dieser Forderung gegen unser Grundgesetz und gegen die Genfer Flüchtlingskonvention. Aber nicht nur das. Gleichzeitig diffamiert er alle Muslime und macht sie zu Attentätern. Die Bedrohung wird künstlich aufgebauscht. Solche Botschaften wirken, denn »Merkel« hat ja die vielen Tausend Muslime ins Land gelassen.

Angst ist ein Gefühl, das alle anderen Gefühle dominiert. Wer Angst hat, kann nicht mitfühlen. Wer unter dem Druck steht, dass die »Horden an illegalen Zuwanderern« uns die letzten Wohnungen und die letzten Arbeitsplätze streitig machen und den Terror ins Land bringen, der ist nicht in der Lage, empathisch zu sein. Die AfD bedient sich einer ähnlichen Rhetorik wie die Nationalsozialisten. Das macht sie nicht zu Nazis, wie viele meinen, sondern zu einer Partei, der es um Machtansprüche geht, und nicht darum,

Lösungen anzubieten. Die AfD, wie auch die anderen rechten Parteien Europas, schreiben sich auf die Fahne, das Volk zu repräsentieren. Dabei geht es nicht um Inhalte, sondern darum, die Massen zu ködern und sie für die eigene Ideologie zu missbrauchen.

Gerade jetzt taucht die Frage wieder auf, wie so etwas wie die Hitler-Diktatur oder das, was wir gerade in der Türkei erleben, möglich ist. Möglich ist das nur, weil wir seit Jahrzehnten nicht wirklich fühlen. Die meisten von uns sind mittlerweile so abgestumpft, dass ihnen zwar die Diskrepanz von dem, was ist, und dem, wie es sein sollte, auffällt, aber die wenigsten ziehen daraus Konsequenzen. Sie lassen sich von dem einfangen, was gesagt wird.

»Ein entscheidendes Instrument für die Erfahrung und die Weltorientierung, für das, was echt, richtig und authentisch ist, ist aber das Gefühl«, schreibt der Psychologe Hans-Joachim Maaz in *Der Gefühlsstau*.

In seinem Buch beschreibt er, wie es möglich war, dass so viele Menschen in der DDR nicht nur »mitgespielt« haben oder das System »ertrugen«, sondern sich auch aktiv für die Verhältnisse starkgemacht haben. »Wir haben einfach nicht mehr gefühlt, was wir gesehen und gehört haben. Selbst was wir erlebt haben, konnten wir nicht mehr fühlen […] Wir haben das ewige demagogische Geschwätz gehört, die Absurdität der sogenannten objektiven Wahrheiten marxistischer ›Wissenschaftlichkeit‹ durchschaut, den Widerspruch von Theorie und Praxis laufend erfahren, dem Verfall der Städte zugeschaut, wir sind an toten und stinkenden Flüssen spazieren und im vernichteten erzgebirgischen Wald wandern gegangen – und was haben wir gefühlt dabei? Haben wir geweint, geschrien, geflucht oder erbrochen? Haben wir unsere Gefühle zum Maßstab unseres Handelns gemacht?«

Nein. Damals wie heute: nein.

»Die Zivilgesellschaft muss den ganzen paranoiden, hasserfüllten, menschenfeindlichen, selbstzerstörerischen Shit, der uns als

Erlösung angedreht wird, aktiv bekämpfen«, schreibt der Journalist Hans Rauscher.[35]

Das möchte ich unterstreichen. Nicht still sein, sondern laut werden sollte die Devise der Tage für all jene sein, die innerlich ahnen, dass gerade etwas gründlich schiefläuft.

# 4. VOR ORT SEIN –
# DAS LEBEN DER ANDEREN

Ich möchte im Folgenden Episoden erzählen, die ich während meiner Griechenland-Aufenthalte erlebt habe. Sie zeigen, wie anders es ist, wenn wir nicht aus der Ferne schauen, sondern plötzlich mitten in der Tragödie stecken. Wenn wir nicht mehr auf dem Rang sitzen und Zuschauer sind, sondern zum Akteur werden.

Als ich im April 2016 auf Lesbos war, hatte ich eine Begegnung, die mich bis ins Mark erschütterte. Kurz vor meiner Ankunft waren zwei Männer auf dem Weg über die Ägäis ums Leben gekommen. Ich erfuhr erst davon, als ich mich mit einem befreundeten Fotografen traf und wir gemeinsam die Insel nach dem Friedhof absuchten, auf dem die vielen Toten beerdigt wurden, die das Meer freigegeben hatte. Bis Ende 2015 wurden sie auf dem Armenfriedhof von Lesbos beigesetzt. Doch der Platz reichte irgendwann nicht mehr aus – und so kaufte der Bürgermeister von Lesbos einem Bauern ein Stück Land ab. Einen Olivenhain – ganz versteckt im Inneren der Insel.

*Einen Tag, bevor ich sicher mit dem Flugzeug auf Lesbos gelandet bin, sind zwei Männer aus Syrien auf der Flucht nach Lesbos gestorben. Sie wurden leblos aus einem überfüllten Schlauchboot geborgen, und alle Wiederbelebungsversuche blieben erfolglos. In den Medien war es eine Randnotiz. Für die Menschen, die ihnen nahestanden, und für die Helfer nicht.*

*[...]*

*Ich verneige mich tief vor dem Mut und der Größe der Hinterbliebenen. Allein der Gedanke daran, meinen Mann zu verlieren, ist für mich kaum auszuhalten, und ich bin nicht auf der Flucht, habe keinen Krieg erlebt und stehe auch nicht mit vier kleinen Kindern allein in einem fremden Land, ohne zu wissen, wie das Leben weitergeht. Des Weiteren verneige ich mich vor George Katzanos, dem Vizebürgermeister von Lesbos, der sich nicht zu fein ist, zu einer Beerdigung von Geflohenen zu gehen, und der dort, ohne mit der Wimper zu zucken, die Schaufel anpackt, gräbt und der sich auch seiner Tränen nicht schämt. Und ich verneige mich vor den Helfern, die Tag und Nacht am Strand von Lesbos stehen und solche dramatischen Situationen, in denen das Sterben so nah ist, aushalten müssen.*

*Gischt spritzt über die Küstenstraße. Weiße Kronen schmücken das blaugrüne Wasser, und der Wind bläst so heftig, dass der kleine Peugeot, mit dem ich unterwegs bin, Mühe hat, die Spur zu halten. Drinnen Musik, draußen Sturm. Der alte Mann zeigt mit dem Finger nach Osten. Dort müsste er sein, der Friedhof, der eigentlich keiner ist und eher aus der Not heraus geboren wurde, weil auf dem Armenfriedhof von Lesbos kein Platz mehr war.*

*Der Weg führt zwar weg vom Meer, aber seltsamerweise bleibt es präsent. [...] Die Wellen erzählen Geschichten. Sie sind eine permanente Erinnerung an einen Weg, den wir als Europäer gefahrenfrei, wann immer es uns beliebt, nehmen können. Ganz ohne Angst. Ohne unseren Mann, unsere Frau oder unsere Kinder zu verlieren. Und gleichzeitig laden die Wellen ein. Zum Baden, zum Segeln, zum Spielen. Gegensätze muss man hier durchstehen.*

*Was für eine Blütenpracht links und rechts. Eine Ziegenherde, zwei Hunde, die sie bewachen. Dann wenden, weil der Weg wieder falsch war. Nach einer Stunde endlich am Ziel. Ein paar Menschen stehen auf dem improvisierten Parkplatz. Man stellt sich vor, kleine Wortfetzen durchbrechen die Stille. »How are you?«*

*»Ah, you are from Swisscross.«*

*»Fine.«*

*»Nice to meet you.«*

*Dann wieder Stille.*

*Es war nicht geplant. Eigentlich wollten wir den Friedhof sehen. Ein paar Fotos machen, darüber erzählen. Aber das Leben hatte andere Pläne, und so sind wir plötzlich mittendrin. Lassen den Leichenwagen an uns vorbeifahren. Sehen auch den Bus. Die Kinder. Warten, weil es heißt, dass erst einmal nur die Familienangehörigen und eine Handvoll Menschen der kleinen Zeremonie beiwohnen dürfen.*

*Zeremonie – was für ein großes Wort für das, was man aus der Ferne beobachten kann. Ein freies Stück Land inmitten eines Olivenhains. Daneben eine Baracke, ein Bagger, ein Pick-up, ein paar helle Tafeln an aufgehäufelter Erde. Zwei Leichensäcke, die von Männern getragen und in die Erdlöcher gelegt werden. Aus der Ferne kein Geräusch. Kein Weinen. Kein Klagen. Kein Schreien. Dann öffnet sich das Tor. […]*

*Es gab keine Glocken. Dafür ein Kind, das nicht begriff, was da geschah. Das immer wieder zu dem Häufchen Erde laufen wollte und »Papa, Papa!« rief.*

*Es gab keine Rede, dafür zwei Frauen, die drei Tage zuvor ihre Männer verloren hatten und die sich nun von fremden Menschen umarmen ließen und die Größe hatten, noch zu lächeln. Es gab keine Musik, dafür Moslems, Christen und Ungläubige, die gemeinsam am Grab standen und weinten. Die Blumen pflückten und sie in die braunen Hügel eingruben. Es gab auch keinen Leichenschmaus, dafür einen Moment, an dem wir alle zusammenstanden, redeten und ungehemmt weinten.*

*Als der kleine Peugeot die Küstenstraße zurückfuhr, war er wackliger als vorher. Obwohl der Wind nicht mehr so stark wehte. Obwohl die Gischt nicht mehr spritzte. Musik draußen, Sturm drinnen.*

*Meine Tränen reichen nicht für das, was ich fühle. Für all die Fragen, die bleiben. Wie sollen diese Frauen trauern, wenn sie jetzt in einem Camp interniert sind, aus dem sie auf absehbare Zeit nicht herauskommen? Wann können die Kinder jemals das Grab ihres Vaters besuchen? Warum mussten diese Männer überhaupt sterben? Sie haben ein Recht auf Asyl. Sie hätten ein Recht auf Leben gehabt. Es ist so leicht, das Elend von uns zu halten, wenn es nur eine Randnotiz ist. Das heute war live. Ohne Filter. Ohne Grenzzäune. Ohne Distanz. Ruhet in Frieden. Ich und viele andere hätten euch Leben gewünscht. Toben in Wellen, nicht sterben.*

Ich weiß nicht, was aus den Frauen und den Kindern geworden ist. Ob sie noch in Griechenland sind oder weiterziehen konnten.

Für die Geflohenen ist der Weg lange nicht beendet, wenn sie auf dem Festland ankommen. Ehe sie wirklich Fuß fassen, vergehen Jahre. Ehe sie sich eingelebt haben, manchmal Jahrzehnte. Viele möchten wieder in ihre alte Heimat zurück. Sie kommen nie wirklich an.

Während ich an diesem Kapitel schreibe, wird in Griechenland eines der letzten großen »illegalen« Camps geräumt. EKO – ein Lager, das sich um eine Tankstelle an der Autobahn gebildet hatte, die Thessaloniki mit Polykastro verbindet. Es ist für uns kaum vorstellbar, unter welchen Bedingungen die Geflüchteten dort über Monate hinweg gelebt haben. Wenn ich allein an unsere Brandschutzvorschriften, an Rauchmelder, DIN-Normen und Versicherungen denke, dann ist die Tatsache, dass eine Staatengemeinschaft, deren Bürokratie tief in unsere Leben eingreift, so etwas sehenden Auges zugelassen hat, absolut paradox. Stellen Sie sich eine beliebige Tankstelle in Deutschland vor. Vielleicht irgendwo in Sachsen-Anhalt an der A9. Ringsherum flache Landschaft. Und nun setzen Sie 112 Zelte und rund 2000 Menschen in diese Szene, ganz dicht an die Zapfsäulen. So, dass nur noch eine kleine Gasse für die Autos bleibt. Kinder, Frauen, Männer, alte Menschen, kranke Menschen. Dicht an dicht. Zu jeder Jahreszeit. Bei jedem Wetter. Tag und Nacht. Über Monate.

In EKO flackerten wie in Idomeni kleine Lagerfeuer zwischen den Zelten. Die Gefahr, die von ihnen ausging, war jedem bewusst. Aber was wäre die Alternative gewesen? Die Nächte waren bitterkalt. Selbst wenn das Thermometer tagsüber die 30-Grad-Marke erreichte. Außerdem hatten die wenigsten Geld, sich täglich in den Tankstellenregalen zu bedienen. Also wurde, so gut es ging, selbst gekocht. Einige Hilfsorganisationen wie der Franken-Konvoi haben über Monate die Versorgung der Geflüchteten unterstützt. Sie organisierten Zutaten, kochten und verteilten das Essen im Camp. Andere Helfer richteten eine Schule ein, bauten ein kleines Kino auf und versuchten, dieser skurrilen Situation eine menschliche Attitüde zu geben. Ähnlich wie in Idomeni hatte sich in EKO über die Monate so etwas wie Struktur, wie Alltag entwickelt.


Ich habe EKO zweimal besucht und mich jedes Mal gefragt, wie es mir ergehen würde, wenn ich nach einer Flucht, die vielleicht schon Monate oder sogar Jahre gedauert hat, hier gestrandet wäre. Ich habe mich gefragt, woher die Menschen die Kraft nehmen, das auszuhalten. Weil sie ins reiche Deutschland wollen? Weil sie unsere Sozialleistungen abgreifen wollen? Weil Merkel sie eingeladen hat? Weil sie vorher in Syrien zwischen zerbombten Häusern gesessen und sich in heller Freude darüber ausgetauscht haben, wie toll man in Deutschland schmarotzen kann?

Sicher ist das Bild, das man im Ausland von uns und unserem Land hat, positiv besetzt. Viele Syrer sagen zum Beispiel, dass der Ausblick darauf, in ein Land zu kommen, in dem Menschenrechte und allein Tierrechte hoch angesehen sind, für sie eine Motivation war, nach Europa aufzubrechen und nicht in ein Lager in die Türkei, nach Jordanien oder Libyen zu gehen.

Die Hoffnung auf ein besseres Leben ist natürlich eine Triebkraft. Völlig zu Recht. Trotzdem kann die Antwort auf die Frage, warum sie das alles auf sich nehmen, nur in dem zu finden sein, was sie vorher erlebt haben. »Weg von« ist ein kraftvoller Motor, wie wir aus der Psychologie wissen. Bei allen Gesprächen, die ich geführt habe, stand die Flucht vor dem fürchterlichen Grauen, das die meisten erlebt haben, ganz oben. Die Berichte aus ihren Heimatstaaten, wo Terror, Gewalt, Tod, Leid, Bomben, Mord, Scharfschützen, Vergewaltigungen, Versklavung, Armut und Hunger Realität sind, machen die Frage, warum sie sich auf diesen beschwerlichen Weg begeben, wie sie in solchen Camps ausharren können, eigentlich obsolet. Ebenso finde ich es verständlich, dass man nicht in ein Land flieht, in dem ähnliche Repressalien drohen. Die Mär von den sicheren Drittländern erzählt sich nur gut unter dem Vorwand der Eindämmung von Flüchtlingszahlen. Die Realität sieht anders aus, wie wir aus vielen Dokumentationen und Erzählungen wissen.

»Du kannst doch nicht wollen, dass die halbe Welt nach Deutschland kommt«, sagte neulich ein Bekannter.

»Doch!«, lautet meine Antwort darauf. Wenn es dazu beiträgt, dass wir endlich wach werden und erkennen, dass uns auf einer tieferen Ebene nichts von den Menschen unterscheidet, die da zu uns kommen, dann ist mir das recht. Ich fühle mich nicht durch Geflohene bedroht. Ich finde eine hartherzige Welt, die jene Seite bekämpft, die mich erst zu einem Mensch macht, viel bedrohlicher. Wenn ich das sage, dann weiß ich, dass es unter den derzeitigen Bedingungen gar nicht möglich wäre, die Tore zu öffnen. Aber aus menschlicher Sicht gibt es für mich kein Gegenargument. Solange wir Waffen in Krisengebiete liefern, solange wir die Menschen ausbeuten, sind wir verpflichtet, sie aufzunehmen.

Es ist ein Fakt, dass jene verlacht werden, die sich für Menschenrechte einsetzen und starkmachen. Diejenigen, die ihr Herz sprechen lassen und der Meinung sind, dass Menschenrechte eigentlich nicht verhandelbar sind, werden leider oft kategorisch herabgesetzt oder sogar bekämpft.

»Vielleicht haben wir ihn sogar mit einem Teddy begrüßt«, schreibt die AfD auf ihrer Facebook-Seite zum Attentäter von Würzburg im Juli 2016 und spielt damit darauf an, dass uns unsere Menschlichkeit früher oder später zerstören wird. Und da viele von uns ohnehin das Vertrauen in die Kraft der »Soft Skills« verloren haben, glauben sie diesen kruden Botschaften oder räumen im Hinterkopf zumindest die Möglichkeit ein, dass da etwas dran sein könnte.

Viele glauben nicht mehr daran, dass es möglich wäre, die Zustände auf dieser Welt anders als mit militärischen Mitteln zu ändern. Gewalt muss mit Gewalt bekämpft werden. So der Tenor. Dahinter steckt die Angst, dass Entscheidungen, die mit dem Herzen getroffen werden, nichts bewirken. Dass es Wattebäusche sind, die wir werfen. An solchen Punkten offenbart sich ein tiefer Vertrauensverlust in die Kraft der Gefühle. Nur, weil es den gibt, ist es möglich, dass Botschaften Gehör finden wie die, dass die Geflohenen nur zu uns kommen, um sich zu bereichern. Würde sich einer von denen, die so etwas sagen oder schreiben, die Zeit nehmen, sich in die Lage dieser Menschen zu versetzen, wäre wahrscheinlich schon viel gewonnen.

Eine alte indianische Weisheit lautet: »Urteile nie über einen anderen, bevor du nicht einen Mond lang in seinen Mokassins gegangen bist.« Wir alle, die nie wirkliche Entbehrungen erfahren haben, die niemals erlebt haben, wie es ist, wenn die Flugzeuge mit den Bomben an Bord sich nähern – wir haben nicht das Recht, über jene zu richten, die all das ertragen mussten.

Als ich neulich in Hamburg auf einem Konzert von Udo Lindenberg war, gab es einen sehr imposanten Moment. Es war Zufall, dass, genau als Lindenberg sein Lied »Wozu sind Kriege da?« sang, in dem es um die Sinnlosigkeit und Abscheulichkeit von Kriegen geht, ein Flugzeug lautstark über das Volksparkstadion donnerte. Man konnte es zwar hören, aber nicht sehen. Der Schall fing sich im Stadion und beherrschte für einen Moment die Szene. Gleichzeitig schwenkten die Kameras über das Publikum, und die riesigen Leinwände zeigten die Gesichter der Konzertbesucher. Alle, wirklich ausnahmslos alle, schauten nach oben, einige mit hochgezogenen Schultern und ziemlich erschrockenen Blicken. Im Zusammenhang mit diesem Lied hatte die Szene etwas Gespenstisches, vor allem aber etwas Beängstigendes. Wie würde es uns wohl erst ergehen, wenn wir wüssten, dass die Flugzeuge, die über unsere Köpfe fliegen, mit Bomben bestückt sind? Wie würde es uns gehen, wenn wir dem Terror entkommen wären, den Weg übers Meer geschafft hätten – und nun, nachdem wir Monate in einem Camp gelebt hätten, in Busse gesteckt und wie Verbrecher abtransportiert würden? Ich war nicht dabei, als im April 2016 Kampfjets der NATO über Idomeni donnerten, angeblich, weil man ein Manöver abhielt. Aber ich habe Bilder und Videos gesehen, die erschrockenen, angstvoll geweiteten Kinderaugen. Die Mütter, die in Panik zwischen den Zelten hin und her liefen und ihre Kinder suchten. Die weinenden Männer, die sich zusammenkauerten und die Ohren zuhielten. Es war kaum zu ertragen – und man kann dieses Leid nur ausblenden, indem man sich konsequent von seinen Gefühlen trennt.

Ebenso absurd wie die Situation in EKO oder Idomeni ist die Tatsache, dass man die Menschen von dort nun in geschlossenen Lagern untergebracht hat. Kommuniziert wurde es als »Verbesserung«. Fakt ist: Man hat sie eingesperrt. In Griechenland sind mittlerweile über 50 000 Geflüchtete quasi inhaftiert. Sie dürfen sich nicht frei im Land bewegen. Sie haben keinerlei Rechte. Sie haben nur eingeschränkt Zugang zu medizinischer Versorgung. Sie dürfen nicht arbeiten.

Kinder dürfen bisher keine offizielle Schule besuchen. Die tägliche Essensration besteht aus einem Baguette und einer Alu-Schale Reis mit Soße. Die Menschen hungern. In Europa. Chronisch kranke Patienten werden nicht ausreichend versorgt. Ich möchte an dieser Stelle den Arzt Ijos Bietzker aus Lüchow-Dannenberg zu Wort kommen lassen, der über Monate mit einem umgebauten Auto von Camp zu Camp gefahren ist und die Geflüchteten betreut hat.

*»EKO ist geräumt. Das letzte größere inoffizielle Camp nahe Idomeni mit etwa 2000 Menschen. Und vielen, vielen, vielen kleinen Kindern. So fürchterlich die Situation der Flüchtenden auch ist, so verzweifelt, nicht dort anzukommen, wo man sich ein neues Leben verspricht, war es doch in aller Not das fröhlichste Camp. Das mit der besten medizinischen Versorgung – danke allen Beteiligten! Das mit der großzügigsten Wasserversorgung, Fußballplatz, Volleyballnetz, Mütter-/Elternzelt, Tee- und Küchenzelt, Kinderbespaßung, Englischunterricht und und und. Nun sind alle BewohnerInnen weit weg transportiert worden. Wieder ist es eine Industriebrache, eine alte Fabrikationshalle, in der Zelte stehen, wo die Menschen nun hausen sollen. Griechenland räumt auf.*

*Dabei geht es ums Ankommen, ums Weiterlebenkönnen nach den Schrecken der Flucht, den Schrecken der Heimat. Und wie so oft sind die Kinder, die Schlimmes hinter sich haben, besonders betroffen. Im*

*Spiel lachend, in den Nächten in den Zelten frierend, mit Schnupfen und Husten. Umgeben von Eltern, die vor Sorgen nicht ein und aus wissen. Wie soll ein Leben weitergehen, wenn man vor Krieg, Terror und Hunger flieht und dann im Zelt im Dreck auf dem Boden landet, keine Schule für die Kinder mehr hat, selbst keine Arbeit. Und das angefangene Studium lässt sich weder beenden noch kann man mit seinem Beruf seinen Lebensunterhalt erarbeiten.*

*Chronische Krankheiten werden nicht oder nur sehr rudimentär behandelt. Im Militärcamp kann man weder Besuch empfangen noch den behandelnden Arzt wählen.*

*Ich frage mich immer – wie würden wir reagieren? Würden wir nach dem Anwalt rufen, oder würden wir in meditativer Gelassenheit alle Verbiegungen der Menschenrechte hinnehmen? Wie würden wir damit umgehen, keinen Zugang zu Zahn- und AugenärztInnen zu haben? Überhaupt so gut wie keine Möglichkeit zu haben, einen Facharzt zu konsultieren? Wie würden wir damit umgehen, zwar Essen zum Kochen gespendet zu bekommen, aber nicht die gewohnten Gewürze? Einen Topf zu haben, aber keinen Löffel? Statt eines Herdes mit vier Platten Steine zusammensuchen und einen alten Bettrost darüberlegen zu müssen, um einen Topf behelfsmäßig übers Feuer stellen zu können. Wie ginge es uns damit, einen Wi-Fi-Zugang mit 1000 Menschen teilen zu müssen, sodass wir stundenlang gar nicht ins Internet kommen oder das Internet so langsam ist, dass das Hoch- oder Runterladen von Bildern unmöglich ist? Wie ertrügen wir die Verluste von Familienangehörigen, Haus und Auto? Wie lebten wir ohne Fernseher, Radio und Tageszeitung?*

*Wo würden wir uns hinwenden mit den traumatischen Erlebnissen, den Schlafstörungen, der Reizbarkeit, der Depression?*

*Was für ein Gefühl hätten wir, wenn Schuhe, BHs, Unterhosen immer zu groß oder zu klein wären? Nie der gewohnten Art oder Form entsprächen. Wir statt in einem Bett plötzlich auf Decken am Boden schlafen müssten?*

*Würden wir uns daran gewöhnen, für jede Mahlzeit mindestens eine Stunde anstehen zu müssen – und dann etwas in den Händen zu halten, was wir nicht mögen, wovon wir nicht satt werden, das täglich in einer Plastikschale ausgegeben würde? Apropos. Wie fänden wir den völligen Verzicht auf Porzellanteller und -tassen? Ich frage mich immer wieder, wie wir das meistern würden. Wie würde es sich anfühlen, dankbar sein zu müssen – für Dinge, die unser Leben retten, uns aber nicht glücklich machen? Wie würde es sich anfühlen, völlig unmündig behandelt zu werden? Keine Wahl mehr zu haben? Alles hinnehmen zu müssen? Ein Albtraum.«*

Die Worte von Ijos beschreiben deutlich, was unseren Alltag von dem der Geflüchteten unterscheidet. Es sind die vielen Tausend Selbstverständlichkeiten, die wir genießen, ohne uns dessen bewusst zu sein. Wann sind Sie das letzte Mal kilometerweit gelaufen, um sich mit frischem Trinkwasser zu versorgen? Ich meine nicht den Getränkemarkt, sondern ein einziges dünnes Rohr, aus dem spärlich Wasser fließt. Sie stehen eine halbe Stunde an, ehe Sie dran sind, und tragen dann Ihren Kanister dieselbe Strecke wieder zurück.

Wann hatten Sie das letzte Mal Hunger? Richtigen Hunger. Hunger, der Ihnen die Eingeweide zerreißt, sodass Sie bereit sind, alles, wirklich alles zu essen, was Sie finden.

Wann mussten Sie Ihr Kind beerdigen, weil es draußen vor der Tür beim Spielen von einem Bombensplitter getroffen wurde? Wann mussten Sie jemals fliehen, weil Sie nicht sterben wollen? Weil Sie sich an Ihr Leben klammern und an das Ihrer Kinder? Wann mussten Sie Ihren Mann oder Ihre Frau beerdigen, weil die Medikamente, die sein oder ihr Leben gerettet hätten, eben einfach nicht da waren? Wann?

Es geht darum, hinzuschauen, was wir anderen zumuten. Was Politiker ihnen zumuten.

Helfern und Geflohenen wird viel zugemutet. Dazu hier ein weiterer Bericht, diesmal von einem Helfer aus dem Camp EKO:

*»Dieses Wochenende hat sich eines der Kinder hier im EKO Camp selbst mit Benzin übergossen und versucht, sich in Brand zu setzen. Der Junge hat diese lange und gefährliche Reise durch Berge, Grenzen und Meer völlig allein durchgestanden. In der Nacht zuvor fand er heraus, dass seine Mutter in Syrien getötet worden war – noch ein Opfer eines scheinbar endlosen Krieges. Er und seine kleine Schwester, die immer noch in Syrien ist, sind jetzt Waisen. Er bat uns darum, sein Bild der Welt zu zeigen, damit sie sieht, was mit den Flüchtlingskindern passiert. […] Die meisten der Kinder hier haben einen Großteil ihres Lebens in einem Kriegsgebiet verbracht. Sie kommen aus einer Welt, wo der Klang der Hubschrauber alltäglicher ist als der Klang eines Eiswagens. Eine Welt, wo kleine Hände sich an der Seite von Booten festklammern müssen, anstatt mit ihren Lieblingsteddybären zu schmusen. Statt Sicherheit zu finden sind sie in einer neuen Welt gestrandet: ein Niemandsland, wo Kinder nach Benzin riechen. Die Grausamkeit dieser Situation ist unbeschreiblich. Wir trauern um die vergessenen Kinder von Idomeni und EKO.«*

Jeder Helfer hat diese Geschichten erlebt. Viele von ihnen haben Tote aus dem Meer geborgen oder wurden auf andere Art und Weise mit der ganzen Wucht dieser Entwicklung konfrontiert. Was fühlt man, wenn so viele Boote ankommen, dass man die Babys und Kleinkinder erst einmal nur ablegen kann, das Chaos ringsherum bewältigt und sich dann um jedes einzelne kümmert? »Baby-Tetris« haben es die Helfer lakonisch genannt. Sie haben sich am Lagerfeuer die Geschichten erzählt, von der Frau, die ihr Baby auf der Überfahrt so fest an sich gedrückt hat, dass es gestorben ist. Von der Frau, die auf der Überfahrt ihr Kind verloren hat, weil das Boot überfüllt war. Von der Mutter mit den vier Kindern, deren Mann auf der Überfahrt einen Herzinfarkt erlitten hat und nicht reanimiert werden konnte. Man erzählt sich das – und vielleicht ist das schon ein Ventil. Aber es sollte nicht darüber hinwegtäuschen, dass sich das Erlebte in das Gedächtnis eingefressen hat und dort festsitzt. Ich bin sicher, dass das natürlich auch ein Grund ist, warum viele davor Angst haben, direkt vor Ort zu helfen. Es gibt Bilder, die wird man einfach nicht mehr los. Und es ist auch nicht so, dass Helfen vor Enttäuschungen schützt. Keineswegs. Das Risiko, dass aufgrund der kulturellen Unterschiede Missverständnisse entstehen, dass man ausgenutzt wird oder nicht das erreicht, was man vielleicht erreichen will, schwingt immer mit. Wer hilft, sollte das immer unter dem Leitsatz tun, dass man Bäume pflanzt, unter denen man vielleicht nie sitzen wird. Manchmal gehen sie auch ein. Das hat man nicht in der Hand. Aber das ist kein Grund, nicht zu helfen. Man kann die schlechten Erfahrungen oder Gefühle nicht ausklammern. Sie gehören zum Leben dazu, und da spielt es gar keine Rolle, ob ich in einem Lager in Griechenland bin oder hier in Deutschland Obdachlosen helfe. Mitgefühl sollte nie mit Erwartungen verknüpft werden. Denn die können enttäuscht werden. Ich hatte während meiner Zeit in Griechenland sehr viele schöne Begegnungen, wie die mit Nisan.

*Als ich das erste Mal auf Lesbos war, hatte ich die Gelegenheit, mit einer Jesidin zu sprechen. Nisan, die gemeinsam mit ihren drei Kindern und ein paar anderen Frauen aus dem Nordirak geflohen war, saß im Februar im Hafen von Mytilini und wartete bei Sturm, Regen und Kälte bereits seit dem frühen Morgen auf ihre Abfahrt nach Athen. Die Fähre konnte nicht auslaufen. Also harrten die Menschen aus und hofften, dass es irgendwann ein Signal geben würde. Viele von denen, die warteten, waren krank. Kinder husteten, manche lagen auf dem kalten Boden, notdürftig eingehüllt in Decken, die eine Hilfsorganisation bereitgestellt hatte.*

*Nisans Heimat war der Nordirak – eine Region, die in den letzten Jahren heftig umkämpft war. Die Jesiden traf das besonders – sie sind eine von unterschiedlichen religiösen Fanatikern verfolgte Minderheit. Teufelsanbetung wirft man ihnen vor, weil sie nicht Gott, sondern einen Engel verehren. Das reicht aus, um Massaker an dieser Bevölkerungsgruppe sowie deren Vertreibung und die Besatzung der von Jesiden bewohnten Gebiete zu rechtfertigen. Seit Jahren verfolgen Kämpfer des selbst ernannten »Islamischen Staates« die Jesiden. Morden die »Ungläubigen« im Namen des Propheten Mohammed. Vergewaltigen Frauen, versklaven und richten Kinder zu Soldaten ab, foltern und töten Männer. Aber nicht nur der IS, auch andere radikal muslimische Gruppen verfolgen und bedrohen die Jesiden. 2014 harrten Tausende von ihnen im Höhenzug Dschabal Sindschar aus, der den Nordirak von Syrien trennt – umzingelt von Kämpfern des IS. Ohne Wasser, ohne Nahrung, bei Temperaturen um die 40 Grad Celsius. Wie viele von ihnen gestorben sind? Dazu gibt es keine offiziellen Zahlen.*

*Und auch wenn sich die Lage heute zumindest im Nordirak etwas entspannt hat, sicher sind die Jesiden nicht. Darum wollte Nisan fort. Ihren Kindern eine Zukunft geben. Auch sie ist über das Sindschar-Gebirge geflohen. Acht Tage hat sie gebraucht. Acht Tage fast ohne Nahrung und immer mit der Angst im Rücken, doch von IS-Kämpfern erwischt und getötet zu werden. Dann Syrien. Die Bomben, die Angriffe. Über die Türkei und letztendlich mit einem Schlauchboot über die Ägäis haben es Nisan, ihre drei Kinder und die anderen geschafft, nach Europa zu kommen. Ich fragte Nisan nach ihrem Mann. Der wurde getötet, übersetzte mir die Dolmetscherin. 4800 Euro hat Nisan für sich und die Kinder an die Schlepper gezahlt. Das Boot wurde abgefangen, zurück in die Türkei geschickt. Sie brauchten einen zweiten Anlauf – und diesmal klappte es. Verprügelt hat man sie in der Türkei, erzählte Nisan, und blickte beschämt zu Boden.*

Es will einfach nicht in meinen Kopf, warum wir es zulassen, dass diese Frau und all die anderen solche Qualen erleiden müssen.

Warum sie nirgendwo ankommen dürfen. Nisan hat einen Sohn, der schon in Deutschland lebt. Ob sie ihn wiedersehen wird? Ich weiß es nicht.

Wir verehren Verfolgte des Nazi-Regimes, die ins Exil gegangen sind, feiern ihre Unterstützer und Beschützer und verstecken uns heute hinter dem Dublin-III-Abkommen und verschließen die Tore vor jenen, die auch nichts anderes tun, als vor Kriegen zu fliehen. Wir lassen die Menschen in Lagern aushungern, nehmen in Kauf, dass ein einziger Feuerfunke Hunderte von Menschenleben kosten könnte, weil die Zelte in den ausgedienten Militärhallen in Griechenland dicht an dicht stehen.

»Hier sterben wir langsam«, sagte ein Mann aus Idomeni, der seit Monaten darauf wartete, zu seiner Familie nach Deutschland weiterreisen zu dürfen. Es kann Jahre dauern, bis sie zusammenkommen. Vielleicht sehen sie sich nie wieder. Was macht das mit ihnen? Was macht das mit uns? In einer Dokumentation ist davon die Rede, dass Geflüchtete durchschnittlich 17 Jahre ihres Lebens in Flüchtlingslagern verbringen.[36]

17 Jahre, das sind eine Kindheit und eine Jugend. Niemand kümmert sich in dieser Zeit um ihre Ängste, ihre Traumata, ihre Nöte. Wenn wir uns hierzulande fragen, wie es zu einer Radikalisierung eines Menschen kommt, wie Terrorgruppen entstehen oder warum es ihnen so leicht fällt, Nachwuchs zu rekrutieren, dann ist Entwurzelung eine Antwort auf diese Frage. Es ist leicht, Menschen zu manipulieren oder sie für die eigenen Zwecke zu missbrauchen, wenn sie kein Heimatgefühl haben, keine Zukunft, nichts, das als Ziel tauglich wäre.

Die Fachärztin für Kinder- und Jugendpsychiatrie Eva Möhler sagte dazu in einem Interview mit dem ZDF: »Ich kann nur aus unseren Erfahrungen sagen, die wir in der Arbeit mit den Flüchtlingen sammeln, dass diese Kinder in einem massiv angespannten

Zustand hier in Deutschland ankommen, weil sie auf der Flucht Folter, Gewalt, Hunger, Todesangst und auch massivste Belastungen erlebt haben. Die haben sie noch gar nicht verarbeitet, und sie erwarten ständig, dass wieder etwas Schlimmes passiert. Sie sind also in einer ständigen Erwartungshaltung des nächsten Angriffs, der gleich auf sie zukommen könnte. Deshalb gehen sie ganz oft in die Vorwärtsverteidigung und werden aggressiv.«

Das gilt im Übrigen nicht nur für minderjährige oder erwachsene Geflohene, sondern auch für nachfolgende Generationen, wie wir anhand der Attentäter von Frankreich und Belgien sehen können. Entwurzelung ist ein Trauma, das transgenerational weitergegeben wird, begünstigt durch fehlgeleitete oder nicht vorhandene Integrationspolitik. Und während die einen entwurzelt sind und das erleben, was unsere Nation und angrenzende Staaten vor über 70 Jahren durchlebt haben, schauen die meisten von uns weg. »Die Europäer vergessen allzu leicht, dass die Erfahrung erzwungener Flucht in großem Umfang etwas ursprünglich Europäisches ist«, schreibt Jan M. Piskorski.[37]

Ein Blick in die Geschichte zeigt, dass es diese Art der Verdrängung von Leid schon einmal gab, und der Verdacht liegt nahe, dass die bis heute nicht vollzogene Aussöhnung mit unserem nationalsozialistischen Schatten nach wie vor ihren Anteil daran hat. Die transgenerationale Weitergabe von Traumata, die die Neurobiologie mittlerweile nachweisen kann, ist dafür mitverantwortlich, dass wir in uns ein Feindbild tragen, lange bevor wir uns selbst aus eigenen Erfahrungen heraus ein persönliches Wertebild schaffen.

# 5. WAS DEFIZITÄRES DENKEN UND ERZIEHUNG MIT UNSEREN GEFÜHLEN ZU TUN HABEN

Das Genannte allein ist nicht die Ursache dafür, dass wir nicht mehr fühlen und mitfühlen. Erziehung, defizitäres Denken und die Art und Weise, wie vor allem rechte oder rechtspopulistische Parteien unsere Ängste aufgreifen, spielen mit hinein. Ich möchte zeigen, warum so viele Menschen überhaupt keinen Anteil mehr an den Dramen um sie herum nehmen oder andersherum die Stimmung gegen Geflohene aufheizen. Ich mache das, weil ich verzweifelt bin. Weil ich selbst Antworten darauf suche und verstehen will, wie die Menschen so tun können, als ob sie das alles nichts angehen würde, während die Welt um sie herum kollabiert.

Alle psychologischen Hintergründe aufzudecken ist dabei nicht mein Anliegen. Im Grunde ist, wie angedeutet, schon viel bekannt. Zahlreiche Vorgänge sowie psychologische Tiefen in uns sind erforscht und ausgeleuchtet. Der Mensch und seine Paranoia sind ein offenes Buch, das jeder lesen kann. Jeder lesen sollte, würde ich sogar sagen – und viele tun es auch. Trotzdem bleiben die meisten auf dem Stand der Erkenntnis stecken. Sie sagen: »Ja« und »Oh!« und »Das ist aber interessant!«, erfassen aber nicht, dass das auch alles etwas mit ihnen zu tun hat. Selbsthilfebücher füllen die Re-

gale, in den sozialen Netzwerken wimmelt es von Erkenntnissprü-
chen – und die »Zehn Wege, wie aus mir ein glücklicher Mensch
wird« sind bestimmt schon in Tausend Varianten erschienen. Wir
sehen Filme wie »Das Salz der Erde«, in dem die Zerstörung dieser
Welt, das Leid jener, die unseren Konsumwahn ausbaden müssen,
in erdrückenden Bildern gezeigt wird.

Wir sehen das alles, gehen aus dem Kino, wischen uns vielleicht
eine Träne weg. Dann schlendern wir nach Hause, trinken noch
irgendwo einen Cocktail, und am nächsten Tag klingelt der We-
cker, das Leben geht weiter, und das Elend ist vergessen.

Wir sind gefangen in einem Hamsterrad und auf dem Riegel,
der die Tür absperrt, steht: Angst, Gleichgültigkeit, Abgestumpft-
heit, Bequemlichkeit, Apathie. Der Londoner Sänger Jonathan
Jeremiah singt in seinem Lied »Rising up«: »Apathy is the poison
of our time.« In einem Interview sagte er auf die Frage, ob denn in
seinen Songs Zeitkritik mitschwingt:»Politische Songs sind schwer
heutzutage, die können immer als Predigt verstanden werden, als
ob man alle Antworten hätte – die hab ich natürlich nicht, und ich
will sie auch nicht haben.[…] Aber was die Musik angeht, so muss
man den Leuten keine politischen Geschehnisse mehr erklären, sie
bekommen alle Informationen aus dem Internet. Deshalb muss
man als Musiker eher seine Meinung zu den Themen äußern als
die Leute aufklären – das ist heute wichtig, man kann auch nicht
nur Lovesongs schreiben.«[38]

Der Kabarettist Hagen Rether bringt es noch deutlicher auf den
Punkt: »Ich habe das Gefühl, je mehr Informationen wir haben,
desto träger und zynischer und läppischer und indolenter werden
wir.«[39]

Aber auch hier: Die Zuschauer klatschen – und ich bin sicher,
dass nur ganz wenige nach dem Programm wirklich etwas verändern.

Ich will niemandem die Welt erklären. Ich kenne auch nicht die Antworten auf alle Fragen. Aber was brauchen wir noch an Beweisen, dass unsere Art zu leben unglücklich, krank und leer macht und dazu auch unseren Planeten ruiniert? Was muss denn noch passieren? Warten wir wie die Kaninchen vor der Schlange auf den großen Knall? Wir wissen seit Jahrzehnten, dass immer mehr Arten aussterben. Wir wissen, dass die Meere überfischt sind, dass wir uns durch die Massentierhaltung krank essen. Ich könnte ein ganzes Buch mit Beispielen füllen, an welchen Stellen wir völlig ignorant sind und damit unter anderem Menschen zwingen, ihre Heimat zu verlassen. Unsere Indolenz ist nur möglich, weil wir unsere Gefühle abspalten. Der Zustand unserer Welt ist zum Erbrechen, zum Heulen, zum Schreien, zum Haareraufen, zum Wütendwerden. Er ist traurig und zum Verzweifeln. Solange wir das nicht wirklich in uns fühlen, sondern den Blick auf unseren Wohlstand und unsere individuelle Entfaltung richten, wird sich nichts ändern. Unsere Komfortzonen werden irgendwann ein Massengrab sein.

## UNTERSCHIEDLICHE BEWÄLTIGUNGSSTRATEGIEN

Ein Blick in die Gesellschaft zeigt, dass es unterschiedliche Strategien gibt, mit den dramatischen Ereignissen umzugehen. Nicht jeder schaut einfach weg. Viele Menschen sind aktiv und versuchen, im Rahmen ihrer Möglichkeiten einen Beitrag zu leisten. Die große Hilfsbereitschaft, die ja in vielen Teilen Deutschlands bis heute anhält, zeugt davon. Aber es reicht eben nicht. Wenn wir wirklich etwas verändern wollen, dann braucht es einen radikalen Schnitt. Politisch wie gesellschaftlich. Ohne den werden wir nichts bewirken.

Im persönlichen Bereich ist das ein schwieriger Weg. Dazu Hans-Joachim Maaz: »Nähmen wir die heutigen Lügen und die

Verdorbenheit unverfälscht wahr, wären wir mit den angehäuften Unwahrheiten und dem seelischen Schmerz in uns selbst konfrontiert.«

Dem weichen wir aus, indem wir den Weg des geringsten Widerstands gehen. Und der bedeutet: durchhalten, weitermachen. Das funktioniert bei vielen nur, indem sie sich betäuben. Möglichkeiten dafür gibt es genug. Diese Taktik birgt allerdings ihre Tücken.

Immer dann, wenn das Leben starr wird, keine Höhepunkte mehr bereithält, eingefahren und spannungslos wird, neigt eine große Anzahl von Menschen dazu, entweder regungslos zu verharren, darauf zu warten, dass ein »Umstand« die Situation verändert, oder destruktiv und grausam zu werden. Jugendliche, die aus ihrer Sattheit heraus, aus purer Langeweile anfangen, Gemeineigentum zu zerstören oder andere »aufzuklatschen«, sind ein Beispiel für diese Dynamik. Das genannte »feine Schweigen« oder das Wegschauen sind ebenfalls Folgen davon.

Viele Menschen fühlen sich heute gleichzeitig bedroht, leer und gestresst. Wie oft sitzt man am Ende des Tages erschöpft auf dem Sofa und fragt sich, was man eigentlich geleistet hat. So geht es Tag für Tag, Woche für Woche, Monat für Monat und Jahr für Jahr. Im Grunde haben wir alles, es fehlt uns an nichts – und trotzdem fühlt sich das Leben für viele Menschen überhaupt nicht mehr lebendig an. Rein objektiv betrachtet, ist es natürlich überhaupt nicht so. Im Gegenteil – es passiert unglaublich viel, man hat sogar den Eindruck, dass sich die Ereignisse überstürzen. Auch im Alltag erleben wir uns als gehetzt und permanent gefordert. Der Fortschritt galoppiert, und wir haben kaum noch Zeit, mitzuhalten. Aber es geht ja gerade nicht um Quantität, also um die Häufung von Ereignissen, sondern um ihre Qualität.

Wie wertvoll sind unsere Momente wirklich? Berühren sie uns, oder gehen sie einfach an uns vorbei? Reagieren wir, oder agieren wir? Das sind wichtige Fragen, mit denen sich die Qualität eines Augenblicks erfassen lässt. Noch viel wichtiger sind allerdings unsere Gefühle. Wenn wir sie nicht zulassen, nicht erkennen, nicht deuten können, dann ist auch das, was wir erleben, nicht mehr sinnlich erfahrbar. Dann laufen die Ereignisse durch uns durch wie durch ein Sieb.

Der bekannte TV-Moderator Tobias Schlegl, der seinen gut bezahlten Job an den Nagel gehängt hat, um Notfallsanitäter zu werden, fasste es in einem Interview so zusammen: »Und dennoch hatte ich das Gefühl, mein Leben ist bisher wie ein Computerspiel verlaufen: Alle Level sind durchgespielt. Ich bin fertig. […] Ich konnte das Brummen in meinem Kopf nicht mehr ignorieren. Ende 2015 wurde es so laut, dass ich dachte: Ich werde mir immer vorwerfen, das Neue nicht gewagt zu haben, wenn ich es nicht wenigstens einmal probiert habe«.[40]

Schlegl war mutig. Er hat seine Gefühle ernst genommen und danach gehandelt. Andere verharren in den Empfindungen, die sich in der Frage »Soll das jetzt schon alles gewesen sein?« summieren lassen und fürchten sich gleichzeitig vor einer Veränderung. Mehr noch, sie erleben Veränderungen eher als Bedrohung. Wie beschrieben, warten sie unbewusst darauf, dass etwas passiert, dass diese Starre endlich aufbricht – und gleichzeitig haben sie Angst davor.

Die sogenannte Flüchtlingskrise hat viele Menschen aufgeschreckt. Selbst jene, die vorher durch Politikverdrossenheit und aus einer gewissen Bequemlichkeit heraus still waren oder ihren Gram am Stammtisch gelassen haben. Allerdings ist die Motivation, mit der sie sich auf die Straße bewegt haben, nicht darauf ausgerichtet, dass sich etwas verändert. Nein, im Grunde demonstrierten sie dafür, dass alles wieder so sein soll wie vorher. Statt eigenverantwortlich das Zepter in die Hand zu nehmen und das Leben zu gestalten, haben sich viele einfangen lassen von den Versprechen der schnellen Lösungen. Sie haben ihrem Frust Luft gemacht, haben ihn auf die Geflohenen und auf der Regierung abgeladen und sich anschließend wieder aufs Sofa gesetzt. Geändert hat sich das Leben dadurch nicht. Eben weil der Protest nicht konstruktiv ist.

Die Selbstverständlichkeit, mit der wir unseren Luxus und unseren Wohlstand hinnehmen, hindert uns daran, eigenverantwortlich und gleichzeitig im Sinne der Gemeinschaft zu handeln. Wir haben vergessen, wie es ist, für etwas wirklich zu brennen. Stattdessen beobachten wir die anderen um uns herum peinlich genau, registrieren jeden Lapsus, den sie sich leisten, bekämpfen oder greifen jeden an, der mutig genug ist, sich aus seiner Komfortzone zu bewegen und etwas Neues zu wagen.

Ich habe eine Zeit lang als Coach in einem Zentrum für Existenzgründungen gearbeitet und Menschen betreut, die sich aus der Arbeitslosigkeit heraus selbstständig gemacht hatten. Es war immer faszinierend, zu beobachten, wie das Umfeld der Gründer auf den neuen Schritt reagierte. Viele Gründer berichteten davon, dass es Freunde und Familienmitglieder gab, die ihnen regelrecht Steine in den Weg gelegt haben, weil sie sich durch den mutigen Schritt der Gründer verlassen oder verraten gefühlt haben. Andere haben ihre eigenen Zweifel auf die Gründer projiziert, indem sie ihnen einredeten, dass doch sowieso alles zum Scheitern verurteilt sei. Als Grund wurde die schlechte Wirtschaftslage angeführt, oder dem Gründer wurde unterstellt, dass er nicht das Zeug dazu hätte, auf eigenen Füßen zu stehen.

Das zu erleben, war für viele Gründer eine lehrreiche Erfahrung. Manche fühlten sich an ihre Schulzeit erinnert, in der es schnell passieren kann, dass man aus der Gruppe ausgeschlossen wird, wenn man etwas wagt oder bewegt. Es scheint, als seien wir

Menschen einerseits gefangen in dem Trieb, uns zu entwickeln, die Dinge voranzutreiben, und andererseits dem Drang, bloß nichts zu riskieren. Bei den meisten siegen, die Bequemlichkeit, die Angepasstheit und Angst davor, in irgendeiner Form den Kopf aus dem Sand zu heben, sich zu zeigen, sich für etwas einzusetzen und eventuell zu scheitern. Sie bleiben lieber Herr ihrer eigenen Unzufriedenheit, reagieren ihren Frust an anderen ab – und besonders an jenen, die mutig genug sind, die eigenen Grenzen auszuloten und auch zu überschreiten.

Um in dieser Starre zu bleiben, muss man seine Gefühle abtöten oder sie in kleinen Dosen auf verschiedenen Projektionsflächen ausleben. Das erklärt auch die Faszination für Unglücke, die anderen widerfahren. Sensationsgier ist im Grunde nichts anderes, als sich Gefühle aus zweiter Hand zu holen. Im Schutz der Distanz kann man sich dann kurzzeitig Emotionen erlauben. Meist noch unter dem Deckmantel der gemeinschaftlichen Trauer – wie zum Beispiel bei großen Tragödien, Anschlägen oder Dramen, an denen Prominente beteiligt sind. So schaffen sich viele Ersatz-Emotionen und lenken sich damit von den eigenen Gefühlen ab. Die Medien bedienen das. Egal ob Fernsehen oder Zeitung, Onlineportal oder Radio. Sie bedienen auch unsere Sehnsucht nach Helden und dem Retter, der alles leicht macht und für uns die Arbeit erledigt. »007, übernehmen Sie!« Ein unverletzbarer Held, der wie viele andere für seine Unverletzlichkeit verehrt wird. Menschen, die sich verletzbar zeigen, werden dagegen gern zum Gespött gemacht, oder zumindest wird das, was eigentlich eine Stärke ist, als solche nicht anerkannt.

## DIE KONFRONTATION MIT UNS SELBST

Das menschliche Gehirn ist darauf ausgerichtet, Energie zu sparen. Einsatz zu zeigen oder sich weiterzuentwickeln ist eine Leistung, die uns viel abverlangt. Jeder Schritt oder manchmal schon jeder Gedanke, der uns aus unserer Komfortzone herausführt, erzeugt erst einmal Angst. Jeder von uns erlebt in solchen Situationen einen anderen Grad der Angst. Auch hier bestimmen wieder unsere Erfahrungen, wie wir reagieren.

Wollen wir unser Leben verändern und gestalten, dann kommen wir nicht umhin, uns dieser Angst zu stellen. Als Kinder waren wir dazu in der Lage. Keiner von uns hätte jemals laufen gelernt, wenn wir uns von der Angst hätten beherrschen lassen. Kinder wollen die Welt erobern, ihren Radius erweitern. Dafür nehmen sie Scheitern in Kauf. Sie stehen wieder auf, wenn sie gefallen sind, und probieren es noch einmal.

Stellen Sie sich vor, Kinder würden wie die meisten Erwachsenen auf Sicherheit setzen und den Zustand, den sie erreicht haben, vehement verteidigen. Dann säßen wir alle noch in irgendeinem Sandkasten. Paradoxerweise tun wir aber genau das als Erwachsene. Viele pochen auf immer mehr Sicherheit, um einen Zustand zu wahren, der sie eigentlich nicht glücklich macht. »Heimatland der Lebensversicherungen« nannte kürzlich eine Autorin der taz Deutschland. Und wirklich – es scheint, als hätten wir lange geglaubt, dass man sich gegen die Dramen der Welt versichern könnte.

Die Krone der Absurdität dieser Entwicklung zeigte sich erst kürzlich wieder in den USA. Dort wurden Tausende IKEA-Kommoden zurückgerufen, weil sie nicht kippsicher sind. Nun liegt allerdings jedem IKEA Schrank- oder -Kommodenbausatz ein Päckchen bei, in dem eine Wandmontage-Halterung enthalten ist. Die müsste man allerdings auch montieren. Aber nein. Lieber wird der Konzern verklagt, wenn die Kommode kippt, als die eigene Verantwortung zu überprüfen. Kommoden waren noch nie absolut kippsicher. Schränke, wenn man die Türen weit öffnet, im Übrigen auch nicht. Kaffee, den man bei McDonald's kauft und aus Bechern trinkt, ist heiß. Wenn man eine Katze in die Mikrowelle steckt und bei 700 Watt Leistung auf Start drückt, stirbt die Katze. Steckt man sie nicht in die Mikrowelle, sondern in die Waschmaschine, stirbt sie auch. Wenn ich ohne Helm Fahrrad fahre, besteht die Gefahr, dass ich mich am Kopf verletze. Begebe ich mich auf ein Kreuzfahrtschiff, kann es passieren, dass es stürmt und mir schlecht wird. Schnalle ich mich beim Autofahren nicht an, ist nicht der Autohersteller schuld, wenn ich mit dem Kopf durch die Scheibe fliege. Wenn ich Tiefkühlkost mit dem Messer aufschneiden will, kann es passieren, dass ich mich verletze, und dafür kann die Firma, die die Tiefkühlkost hergestellt hat, nichts. Esse ich zu viele Süßigkeiten und werde dick, ist nicht die Werbung schuld, weil sie mich verführt, sondern einzig und allein ich. Es gibt keinen Rundumversicherungsschutz für dieses Leben.

Keine Versicherung dieser Welt kann uns davor schützen, dass ein junger Geflohener mit einer Axt um sich schlägt oder die Spannungen zwischen einzelnen Staaten einen Grad erreichen, der einen Krieg in spürbare Nähe rücken lässt.

Vor Kurzem sind in Nizza 84 Menschen gestorben und kurz danach über 200 bei dem versuchten Putsch in der Türkei. Die Einschläge rücken näher. Trotzdem sollten wir uns immer vor Augen führen, wie unsere Ängste uns täuschen können. Der Risikoforscher Gerd Gigerenzer erklärt in einem Interview: »In Deutschland hatten wir durch den Terror der RAF in den 70er- und frühen 80er-Jahren viel mehr Terroranschläge und Tote als heute. Das heißt, in unserem Land ist die Gefahr, durch einen Terroristen ums Leben zu kommen, in den letzten 40 Jahren deutlich zurückgegangen [...] Wir fürchten den seltenen Kernkraftwerksunfall, nicht aber die ständige Luftverschmutzung durch Kohlekraftwerke. Wir hatten Angst vor einer Schweinegrippepandemie, nachdem mehrere Zehntausend mögliche Todesfälle angekündigt wurden – zu denen es dann nie kam –, aber wir haben wenig Angst vor der normalen Grippe, der jedes Jahr tatsächlich Zehntausende zum Opfer fallen.«[41]

Was ich wahrnehme, sind hektische Debatten, Erklärungsversuche, Schuldzuweisungen. Tack, tack, tack – wie eingespielt läuft die rationale Denkmaschinerie. Das, was passiert ist, lassen die wenigsten wirklich an sich heran, denn es zeigt auf radikale Art die Vergänglichkeit unseres Seins. Dass man sich eben nicht versichern kann und dass auch wir in Deutschland nicht geschützt sind. Das Leben ist risikoreich und dabei sind die Geflohenen, die zu uns kommen, wohl eine der kleinsten Gefahren, wenn man überhaupt davon sprechen kann. Sie sind keine Bedrohung. Die Angst, die bei vielen aufkeimt, ist die Angst vor dem Fremden, vor der Veränderung, vor dem Neuen, das sie repräsentieren. Dazu sagt der Dokumentarfilmer Gianfranco Rosi: »Es wird sich alles verändern, und wir müssen akzeptieren, dass es diese Veränderung geben wird.«

Zwei Ansätze können helfen, diese Angst zu verlieren – und wenn nicht zu verlieren, dann können wir sie doch wenigstens beherrschen. Zum einen ist dies Aufklärung und zum anderen die Wahrnehmung und die ehrliche Auseinandersetzung mit der eigenen Gefühlswelt.

Wenn ich in diesen Tagen ganz tief in mich hineinhorche, wenn ich alles andere um mich herum ausblende, dann spüre ich eine sehr tiefe Traurigkeit. Ich meine nicht Betroffenheit, die sich angesichts der Katastrophen einstellt, sondern eine Traurigkeit, die aus meinem Bauch emporsteigt, mir die Brust und den Hals verengt und mir am Ende die Tränen in die Augen treibt. Diese Traurigkeit ist abgekoppelt von dem, was um mich herum geschieht. In dieser Traurigkeit liegt nicht nur meine Verzweiflung über die schrecklichen Ereignisse oder Zustände, meine Hilflosigkeit, mein Mitgefühl gegenüber den Angehörigen der Toten, sondern mein tiefer Kummer über den Zustand der Welt. Mein Kummer über Leid, das ich selbst erfahren habe, das mir zugefügt wurde. Aber auch Kummer über Leid, das ich anderen zugefügt habe. Ich habe gelernt, diese Trauer zuzulassen, sie nicht wegzuschieben oder über sie hinwegzugehen.

Wenn ich mir die Zeit und den Raum nehme, sie zuzulassen und »durchzufühlen«, kommt unter ihr etwas anderes zum Vorschein: Verbundenheit, Liebe und der Wunsch, etwas zu bewirken. Nicht zu kämpfen oder Schuldige zu suchen, sondern dem Hass und der Gewalt, die wir hier mehr und mehr erfahren, etwas entgegenzusetzen. Das ist mein persönlicher Motor.

Wir haben das, was uns geschieht, nur bedingt in der Hand. Aber wir haben immer die Macht, zu entscheiden, wie wir darauf reagieren. Es sind nicht die Geflohenen, von denen wir uns bedroht fühlen. Es sind die Gefühle, die sie auslösen. Der Journalist Antoine Leiris, dessen Frau in Frankreich bei dem Attentat im Bataclan im November 2015 getötet wurde, schreibt: »Natürlich, wenn man einen Schuldigen zur Hand hat, jemanden, auf den man seinen Zorn richten kann, dann ist das wie eine halb offene Tür, eine Möglichkeit, seinem Leid auszuweichen. Und je abscheulicher das Verbrechen, desto idealer der Schuldige, desto legitimer der Hass. Man denkt an den Schuldigen, um nicht mehr an sich selbst denken zu müssen, man verabscheut ihn, um nicht sein eigenes Leben zu hassen […].«[42]


Ich kenne natürlich auch die andere Seite. Die Abwehr und die Projektion der eigenen Ängste auf andere. Ich habe auch Angst, bin wütend oder fühle mich hilflos. Auch ich kenne den Impuls, mich dann abzulenken, vielleicht ein Glas Wein mehr als sonst zu trinken oder mich in Arbeit zu stürzen. Als ich das erste Mal auf Lesbos war, gab es einen Schreckensmoment, der mir gezeigt hat, wie wichtig es ist, achtsam mit mir zu sein. Gerade dann, wenn ich mich auf neuem und unbekanntem Terrain bewege und das, was ich erlebe, mir buchstäblich unter die Haut geht. Es gibt einen Sinnspruch, der das, was ich bei diesem Aspekt ausdrücken will, sehr gut trifft und den ich vor einen Text gesetzt habe, der zeigt, was es mit einem Menschen macht, wenn er den Ereignissen ohne schützende Distanz ausgeliefert ist.

»Alkohol und Drogen sind etwas für Anfänger. Ich ziehe mir die Realität rein.«

*Lesbos ist Realität. Und zwar ziemlich ungeschminkt. Auch wenn in den Tagen, als ich dort war, nicht mehr Hunderte Boote an der Küste anlandeten, sondern in meinem Beisein nur vier. Auch wenn im Camp »Better Days for Moria« momentan mehr Helfer als Flüchtlinge herumwuseln. Auch wenn man auf den Straßen nicht mehr die Bilder sieht, die noch im Oktober alltäglich waren: Menschen, die sich wie in einer Ameisenstraße Richtung Mytilini bewegten. Ein Treck Verlorener, Heimatloser, Verlassener.*

*All das ist nach wie vor spürbar. Dafür muss man nicht einmal besonders feinfühlig sein. Wenn man es dann doch erahnt, lassen sich das Spürbare und die Realität zeitweise schwer aushalten. Dann springt einen das Unrecht dieser Welt mit aller Wucht an. Dann würde man derweil gern schreien, um sich schlagen, mit den Fäusten gegen eine Wand hämmern.*

*Den Anblick der Kinder, die apathisch aufs Meer starren und überhaupt nicht wissen, wie ihnen geschieht, den werde ich nicht mehr vergessen. Die Bilder der Menschen, die wirklich nichts haben*

*bis auf ein kleines Bündel, eine Tasche, einen Rucksack, die durchge-*
*froren und mit teils nassen Sachen an Land kommen – und es trotz-*
*dem noch schaffen zu lächeln, die werden mich auf ewig begleiten.*
*Die Geschichten der Flucht, des Krieges, der Bomben, der Gräuelta-*
*ten, die diese Menschen erlebt haben, all das sitzt mit in den Booten,*
*schwappt mit jeder Welle an die Küste und steckt in jeder Schwimm-*
*weste, die am Strand liegen bleibt und verrottet.*

*Kein Wunder, dass ich in der Woche viel mehr Schokolade als üb-*
*lich gegessen habe. Kein Wunder, dass ich abends ein Glas Wein mehr*
*getrunken habe als sonst. Dass die, die Raucher waren, weit mehr*
*geraucht haben und jene, die eigentlich gerade aufgehört hatten, auf*
*Lesbos wieder zur Zigarette greifen mussten. Kein Wunder, dass*
*mancher Volonteer, der mit dem Auto von A nach B fahren musste,*
*Geschwindigkeit als Ventil nutzte.*

*Ich habe mich einmal mit dem Wagen in einer Kurve um 180*
*Grad gedreht. Glücklicherweise war außer mir niemand unterwegs,*
*und das Auto blieb in der Mitte der Fahrbahn stehen, statt den Hang*
*hinunterzurutschen. Eine heilsame Schrecksekunde, die mir gezeigt*
*hat, dass Realität ein gnadenloser Geselle ist, der uns schnell aus der*
*Bahn werfen kann.*

## WUT, HASS, GEWALT: EINE ENDLOSE SPIRALE?

Während ich diese Zeilen schreibe, gab es in München einen
Amoklauf. Sofort werden Stimmen laut, die nach Vergeltung
schreien, die in den sozialen Medien »Merkel gefährdet unsere innere Sicherheit« schreiben oder die sogleich alle Geflohenen gehängt sehen wollen. »Knallt die Moslems alle ab« postet eine Frau
unter der Statusmeldung der Münchner Polizei.

So paradox es klingt, aber selbst das ist eine Form von Gefühlsabwehr. Man will es los sein, den Schmerz von sich haben. Die

eigene Angst nicht zulassen. Neun Menschen sind tot – und manche haben nichts anderes im Sinn, als herauszuposaunen, dass sie ihren Hass endlich legitimiert sehen. Es scheint, als hätten viele nur darauf gewartet, dass so etwas passiert.

Der dänische Familientherapeut Jesper Juul schrieb im Mai 2016 in einer Anleitung für pädagogisches Fachpersonal: »Die enorme Menge an Flüchtlingen und Migranten, die nach Europa kommen, und die vielfältigen Methoden, mit denen unsere Regierungen beschlossen haben, sie nicht willkommen zu heißen, hat bereits von unseren eigenen Bürgern initiierte Gewaltausbrüche und Vandalismus zur Folge gehabt. Es gibt wenig Hoffnung, dass die Lage nicht eskalieren wird und es nicht noch gewaltsamere Konfrontationen, sowohl zwischen unterschiedlichen Bürgergruppen, als auch zwischen ›uns und denen‹ geben wird.«[43] Also wie bei Fassbinder: Angst essen Seele auf. »Ein ängstlicher Mensch ist immer Untertan«, sagt Hans-Joachim Maaz.[44] Angst zerfrisst unseren gesunden Menschenverstand. Und Angst macht blind. Manchmal gebiert sie auch blinde Wut.

Dabei steht die Angst davor, Opfer einer Gewalttat durch Terror zu werden, in keinem Verhältnis zu den realen Gefahren des Lebens. Es ist allerdings gerade die diffuse Angst, die uns quält, diffuse Angst vor Kontrollverlust.

Dinge, die diffus sind, haben die Eigenschaft, nicht einfach zu verschwinden. Sie wabern im Hintergrund, auch wenn wir meinen, dass sie uns nicht beeinträchtigen. Die meisten von uns sind sich durchaus darüber im Klaren, dass wir die Krisen anderer Länder und die menschlichen Dramen, die dadurch verursacht werden, nicht durch Grenzen von uns fernhalten können. Die meisten wissen, dass sich diese Welt verändert hat, dass wir vielleicht vor den größten Umbrüchen unserer Zeit stehen.

Da kann im Moment von einer »Flüchtlingskrise« keine Rede sein – denn die Anzahl jener, die zu uns gekommen sind, haben unsere Möglichkeiten bei Weitem nicht ausgeschöpft. Im Grunde ist sie nichts gegen die globalen Herausforderungen, vor denen wir stehen. Aber in diesem Kontext zeigt sich, dass einige die »Krise« für sich instrumentalisieren, um ihren Frust und vielleicht auch ihre Angst vor Veränderungen zum Ausdruck zu bringen, während die anderen sich aus Angst zurückziehen und wie die berühmten drei Affen Augen, Ohren und Mund verschließen.

Das Problem beider Gruppen – also Hetzer und Wegschauer – ist, dass sie die diffuse Angst nicht lösen können. So kann ihre Bewältigung nicht als positive Erfahrung abgespeichert werden. Die Ambivalenz dem eigenen Leben gegenüber, das Gefühl, den Anschluss verloren zu haben, lassen sich nicht bewältigen, indem man Montag für Montag »Lügenpresse« schreit. Vielleicht bringt es einen Moment der Verbundenheit, einen Moment der Kraft – mehr aber nicht. Der Stress, die Wut und die Angst bleiben, sie potenzieren sich eher noch, weil die Verbundenheit mit anderen suggeriert, dass man im Recht ist. Die persönlichen Dramen verschwinden jedoch nicht, sie werden lediglich nach außen auf ein Hassobjekt projiziert.

So ist der Kern beider Richtungen die »Unterdrückung des Eigenen«, wie es der Psychologe und Autor Arno Gruen beschreibt.[45]

Darum kann die Lösung gar nicht darin liegen, eine der Seiten zu verurteilen oder an den Pranger zu stellen. Der, der schweigt, ist nicht besser als der, der hetzt. Er bedient sich nur anderer Bewältigungsstrategien. Beide bringen lediglich zum Ausdruck, was sie als Lösung in sich verankert haben. Laut zu poltern oder sich schweigend zurückzuziehen sind die zwei Seiten derselben Medaille, nur ohne Antwort auf die Situation.

Wollen wir uns diese Welt erhalten und nicht nur darüber reden, sie positiv zu verändern, sind wir alle dazu aufgerufen, die Frage zu beantworten, was uns als Menschen in dieser Zeit ausmacht.

Die Komplexität der Welt und der technische Fortschritt haben seit jeher die Angst geschürt, auf der Strecke zu bleiben oder wertlos zu sein. Das ist kein Phänomen unserer Zeit. Trotzdem wird es durch die ausgerufene »Flüchtlingskrise« verstärkt.

Viele haben Angst davor, dass ihnen das gefühlt Wenige, was sie haben, noch genommen wird. So wird aus Selbstmitleid »hasserfülltes Selbstmitleid«, wie Arno Gruen diese Entwicklung beschreibt. Interessant ist dabei: All das sind keine Phänomene ungebildeter Menschen, wie gern behauptet wird. Der Selbstoptimierungswahn der höheren Bildungsschichten fördert genau dieselben Prozesse. Wer nur auf Leistung setzt, der schließt aus, dass er als Mensch – einfach so unperfekt, wie er nun einmal ist – gut genug ist. Damit wertet er sich selbst ab, was in Kombination mit anderen schlechten Erfahrungen zu Verrohung und Selbstentfremdung führen kann.

Es ist ein immer wiederkehrender Mechanismus, den wir nicht nur an allen Brennpunkten dieser Welt ablesen können, sondern im Kleinen bei uns selbst. Der Philosoph Florian Goldberg fasst es in einem Beitrag treffend zusammen: »Der Extremismus unserer Tage entsteht nicht im luftleeren Raum. Alles hängt miteinander zusammen. Aber es ist leichter, sich über die offensichtlichen Übeltäter von Stralsund (jene, die im Mai 2016 einen Schweinskopf vor das Wahlkreisbüro Angela Merkels legten) zu empören, als die vielen kleinen Symptome zu bemerken, die anzeigen, wie fern man sich selbst bereits ist: die latente Gereiztheit im Familienkreis, die Furcht, nicht zu genügen, das hartnäckige Gefühl, es mit lauter Idioten zu tun zu haben. Sie kennen Ihre eigenen Beispiele!«[46]

Die Herausforderung, vor der jeder Einzelne von uns steht, ist, eine Antwort auf die Frage zu finden, was von uns bleibt, wenn Maschinen uns heute schon das Denken abnehmen. Wenn sie unsere Arbeitsplätze ersetzen. Wenn wir nicht mehr überlegen müssen, wie wir von A nach B kommen, sondern unsere Navigations-geräte einschalten. Wenn Persönlichkeit in Klickraten gemessen wird. Wer wir sind? Instagram, Facebook oder Twitter werden darauf keine Antwort geben. Auch nicht darauf, welche Bedeutung wir uns als Person in diesem Leben geben.

Es ist schwierig und schmerzhaft, sich diesen Fragen zuzuwenden. Der eigenen Unvollkommenheit ins Auge zu blicken tut weh. Je drängender die Fragen nach unserer Identität werden, je weiter wir sie von uns wegschieben, desto leichter fällt es Parteien wie der AfD oder einzelnen Despoten, Ängste zu befeuern. Ein Blick nach Amerika reicht aus, um das zu erkennen.

Arno Gruen schreibt dazu: »Gewalttäter sehen nicht immer wie Gewalttäter aus. Ihre Rache stanzen sie in ideologische Formeln. Damit wollen sie Menschen vor dem Gefühl, bedeutungslos und schwach zu sein, bewahren. Sie versprechen darüber hinaus Identität […]. Indem zunächst ein Feindbild entworfen wird, meinen solche Menschen, eine gewisse Bedeutung ihrer eigenen Person zu erleben.«

Das ist das Perfide daran. Statt echte Lösungen anzubieten, heizen sie die Stimmung auf. Warum? Weil sie ihre Chance wittern, Machtpositionen zu ergreifen. Die Angst des »kleinen Mannes« kommt ihnen gerade recht.

Menschen, die sich ihrer selbst nicht bewusst sind, die ihre Gefühle nicht einordnen können, die es – aus welchen Gründen auch immer – nicht schaffen, eine Identität aufzubauen, sind ein gefundenes Fressen für jene, die ihre Ideologien unters Volk bringen wollen oder an Machtpositionen interessiert sind. Beispiele dafür lassen sich viele finden – und es ist kein Zufall, dass die rechten, rückwärtsgewandten Parteien gerade jetzt solchen Zulauf erfahren.

Es wird nicht ausbleiben, dass wir auch hier in Deutschland eine tiefe Spaltung erleben werden. Es zeichnet sich jetzt bereits ab, dass der unterschiedliche Umgang mit den Ereignissen Gräben zwischen den Menschen aufreißt. Das betrifft nicht nur Erwachsene. Eltern geben ihre Ängste an die Kinder weiter. An die Kinder, die in Deutschland aufgewachsen sind, ebenso wie an Kinder, die neu in unserem Land sind. Jesper Juul schreibt: »Diese Situation wird unvermeidlich einen Anstieg aggressiven und gewalttätigen Verhaltens zwischen Kindern und Jugendlichen und sogar von Kindern und Jugendlichen ihren Lehrern gegenüber haben. Der psychosoziale Ursprung dieser Aggression ist die Angst, seinen Besitz, seine Werte und sein Revier zu verlieren; die Angst vor Ablehnung, Ausgrenzung und Isolierung; unbekannter Schmerz aus traumatischen Ursachen, der nachweislich zu einem Posttraumatischen Belastungssyndrom führt, sogar bei sehr jungen Kindern.«

Es gab in meinem Leben auch Zeiten, in denen ich meine Wut und meine Aggressionen kaum unter Kontrolle hatte. Da ich aber gelernt habe, dass ich sie nicht gegen andere richten darf, habe ich sie gegen mich selbst gerichtet. Ich kann also sagen, dass mir die Mechanismen vertraut sind. Ich weiß aber auch, dass es anders geht. Dass man nicht verdammen und hassen muss. Dass die Waffe nicht gegen andere oder sich selbst gerichtet werden muss. Der Weg führt darüber, unsere eigene Not und den inneren Schmerz zu fühlen. »Nein, ich werde euch nicht das Geschenk machen, zu hassen. Auch wenn ihr es darauf angelegt habt; auf den Hass mit Wut zu antworten würde bedeuten, derselben Ignoranz nachzugeben, die euch zu dem gemacht hat, was ihr seid«, schreibt Antoine Leiris.

Leider ist destruktive Aggressivität für viele auch im Erwachsenenalter ein funktionierender, in ihrem Umfeld geduldeter Weg, mit Ablehnung und gefühlten »Bedrohungen« umzugehen. Ich setze das Wort »destruktiv« bewusst davor, weil Aggression an sich nicht zerstörerisch sein muss. Der Instinkt, im Falle einer Bedrohung anzugreifen, ist in uns verankert. Er verschwindet aber, sobald die Bedrohung vorüber ist. Destruktive Aggression folgt einem gänzlich anderen Mechanismus. Sie ist laut Erich Fromm »spezifisch für den Menschen […]; sie ist nicht phylogenetisch programmiert und nicht biologisch angepasst; sie dient keinem Zweck, und ihre Befriedigung ist lustvoll.« Sie kann, muss aber nicht durch eine Bedrohung ausgelöst werden. Angesichts der Ereignisse der letzten Monate hört oder liest man oft Sätze wie: »Der Mensch ist von Grund auf böse.« Oder »So sind wir eben.« Glauben wir wirklich, dass Hass etwas ist, das in uns angelegt ist?

Destruktive Aggressivität ist kein angeborener Wesenszug des Menschen. Wir sind nicht per se zerstörerisch. Das wäre zu einfach. Und auch, wenn wir es uns immer sagen oder es sich so anfühlt – dadurch wird es nicht wahrer.

Wir sind zwar die einzige Spezies auf dieser Welt, die – ohne dass es ein Grundbedürfnis befriedigen würde – mordet und dabei eventuell noch einen Lustgewinn verspürt. Trotzdem liegt das nicht in unseren Genen. »Der Mensch strebt nach Spannung und Erregung, wenn er auf höherer Ebene keine Befriedigung findet, schafft er sich selbst das Drama der Zerstörung«, schreibt Erich Fromm in *Anatomie der menschlichen Destruktivität*.[47]

Etwas anders formuliert es Professor Gerald Hüther: »Hass, so scheint es, entsteht immer dann, wenn wir spüren, dass uns jemand genau das wegzunehmen droht, was uns bisher geholfen hat, die Angst davor zu unterdrücken, nicht anerkannt und ausgelacht, ausgeschlossen und allein gelassen zu werden.«[48]

Das ist ein Satz, der es wirklich in sich hat, denn er beschreibt ohne Umschweife ein Phänomen, das wir in dieser Zeit verstärkt erleben. Schaut man sich die Anhängerschaft der AfD oder die Mitläufer von Pegida an, dann sind dort überwiegend Menschen zu finden, die sich in irgendeiner Weise »abgehängt« und von der Politik »allein gelassen« fühlen. Sie vertreten die Stimme des »kleinen Mannes«, der sich nicht anders wehren kann, als sich entweder abzuschotten oder aggressiv gegen »die da oben« oder »die Ausländer« oder »die Lügenpresse« zu agieren. Für diese Menschen sind Zuwendung, Liebe und Empathie zunächst einmal keine Option.

Dabei ist es kein Instinkt, der sie auf die Straße treibt, sondern der Wunsch, etwas zu bewirken. Wenn man diese Menschen zum Beispiel bei einem ihrer »Spaziergänge« beobachtet, dann kann man sehen, dass viele wirklich geradezu leidenschaftlich dabei sind. Sie erfahren in ihrem Handeln plötzlich wieder Bedeutung. Erich Fromm grenzt die Leidenschaften ganz klar von den Instinkten ab. Für ihn ist destruktive Aggressivität ein Charakter-, aber kein Wesenszug. »Menschliche Leidenschaften sind die Antworten auf ›existenzielle Bedürfnisse‹«, so Fromm.

Wir müssen sie von den physiologischen Bedürfnissen abgrenzen. Menschliche Leidenschaften sieht er im Drang nach Liebe, Zärtlichkeit, Freiheit, Zerstörungslust, Sadismus, Masochismus und der Gier nach Macht und Besitz. Hinzu treten noch der Drang nach Bestätigung und Bedeutung. Jeden von uns treiben unterschiedliche Leidenschaften an. Für den einen ist es das Erlangen von Besitz und Reichtum, während der andere von der Sehnsucht nach Liebe getrieben ist. Die Entscheidung für das eine oder andere liegt nicht in unseren Genen, sondern darin, wie wir als Kinder gesehen und unterstützt wurden. Wie wir uns entfalten konnten. Wie auf unsere Bedürfnisse, auf unser So-Sein reagiert wurde.

## DEFIZITÄRES DENKEN UND SEINE AUSWIRKUNGEN

Ab einem bestimmten Punkt im Leben sind wir selbst dafür verantwortlich, unsere Bedürfnisse zu erfüllen. Leider haben viele von uns nicht gelernt, das zum eigenen Wohl und zum Wohl der Gemeinschaft zu tun. So fühlt man sich als Verlierer oder Opfer – und in der Tat ist es so, dass die »Wohlstands- und Leistungsgesellschaft« viele Menschen zu Verlierern macht. An der Stelle könnte man wieder sagen, dass es ja jeder selbst in der Hand hat, sich aus solchen Verhältnissen herauszukämpfen. Aber wie groß sind denn die Chancen? Kann es sein, dass manch einer müde ist? Dass er gar nicht mehr kämpfen kann? Oder es einfach nicht gelernt hat, seine Leidenschaft so auszurichten, dass sie niemandem schadet?

Es gibt zwei Dinge, die wir einfach nicht wegreden können. Menschen wollen bedeutsam sein. Und sie sind verletzlich. Beides zusammen macht unser Leben von Beginn an zu einem Tanz auf dem Eis, denn es gibt keine Garantie dafür, dass wir Bedeutsamkeit erlangen und gleichzeitig nie verletzt werden. Es ist ein Austarieren, für das wir gut gerüstet sein müssen.

Als Kinder verfügen wir nicht über diese Rüstung, weil wir in existenzieller Abhängigkeit zu unseren engsten Bezugspersonen stehen. Dabei spielt es keine Rolle, ob wir in einem reichen Elternhaus oder in Armut aufwachsen – die Folgen sind ähnlich, wenn Kinder für sich selbst keine Bedeutsamkeit erfahren oder verletzt werden.

Ein wichtiger Schritt wäre, uns beides erst einmal einzugestehen. Zu fühlen, dass es wichtig für uns ist, anerkannt zu sein und zu fühlen, dass es uns verletzt, nicht anerkannt zu werden. Erreichen wir keine Bedeutsamkeit in unserem Sinne (den Maßstab legt jeder selbst fest) oder werden wir verletzt und nehmen die damit verbundenen Gefühle nicht wahr, dann neigen wir dazu, jene zu verdammen, die uns das »angetan« haben. Völlig unabhängig davon, ob es objektiv so ist.

Wenn zu solch einer Gefühlslage auch noch die Angst dazukommt, dass uns jemand etwas wegnehmen könnte, sind Wut, Hass und Opferhaltung oft der einzige Kanal. Das ist ein spannender Punkt, denn meist geht es nicht um den eigentlichen Verlust, den wir erleiden könnten. Es geht also nicht darum, dass die Geflohenen real etwas stehlen könnten, was uns lieb oder teuer ist.

Nein, die herrschende Angst begründet sich darauf, dass »die Fremden« unsere Angstbewältigungsstrategien, die bisher funktionierten, außer Kraft setzen könnten. Zur Erinnerung nochmals Hüthers Definition: »Hass, so scheint es, entsteht immer dann, wenn wir spüren, dass uns jemand genau das wegzunehmen droht, was uns bisher geholfen hat, die Angst davor zu unterdrücken, nicht anerkannt und ausgelacht, ausgeschlossen und allein gelassen zu werden.«

Fremde konfrontieren uns also damit, dass wir verletzlich sind.

Kinder aus ärmeren Familien haben es oft schwerer, sich aus diesen Verhältnissen oder psychologischen Fesseln zu befreien. Ein Grund ist, dass bei ihnen oft mehrere Faktoren der Benachteiligung zusammenkommen. Dadurch staut sich schnell ein höheres Frustpotenzial auf. Frustrationen, die aus mangelnder Bedürfnisbefriedigung heraus entstehen und in Folge zu einem offensiven Sozialneid führen. An Kommentaren wie diesen wird das mehr als deutlich: »Kein Hartz-IV-Empfänger aus dem reichen Deutschland könnte jemals auch nur annähernd so viel Geld für eine Flucht aufbringen wie diejenigen, die angeblich alles verloren haben. Denkt mal darüber nach. Teilen erwünscht.« Oder: »Diese Drecksbrut sollten sie sofort kaputtschlagen. Es sind keine Menschen, alles dank unserer ehrenwerten Merkel!! Weg mit Merkel und AfD muss an die Regierung. Radikal werden, um Deutschland und Europa zu schützen??? Ja Ja Ja, verdammt noch mal. So ist der richtige Umgang mit den Schmarotzverbrechern. Das ist die Sprache, die ihnen den rechten Weg weist und nicht die Wattebäuschchen in den Arsch bläst!!! Werdet wach!!!«

Obwohl mich diese Kommentare wirklich erschüttern, halte ich es für grundsätzlich falsch, die moralische Keule zu schwingen. Es gibt für jedes Verhalten einen Erklärungsansatz – und das hat nichts damit zu tun, dass man etwas vergeistigt oder entschuldigt, wo eigentlich eine unmissverständliche Reaktion gefragt wäre.

Es bringt uns nicht weiter, die Menschen, die Hass und Angriffe zu verantworten haben, als »Pack« zu beschimpfen. Auch sie leiden an demselben Symptom wie die, die schweigen: Ihre wahren Gefühle sind ihnen nicht bewusst. Zudem ist es auch ein politisches und gemeinschaftliches Versagen, wenn immer mehr Menschen durch das Raster fallen.

Wenn zu der ohnehin schwierigen und aufgeheizten Situation noch das offensichtliche »Chaos« der »Flüchtlingskrise« dazukommt, ist es fast vorprogrammiert, dass viele die Gelegenheit nutzen, ihr eigenes defizitäres Denken auf die »Schwächeren« zu übertragen.

Dann sind die Geflohenen »nur« hier, um Sozialleistungen »abzugreifen«. So, als gäbe es einen Topf, der immer leerer würde, je mehr Menschen zu uns kommen. Ein Bild, das fest in vielen Köpfen verankert ist. Das ist nicht nur ein Vorurteil, sondern Abbild des tief verankerten Mangeldenkens. Es reicht nicht für alle. Das Maß oder das Boot ist voll. Wir schaffen das nicht.

Allein die Zahlen der Demografen sprechen dagegen. Mehr noch, sie sprechen eine ganz andere Sprache, nämlich die, dass die Erhaltung unserer Sozialleistungen nur möglich ist, wenn die Bevölkerung wieder jünger wird und nicht weiter schrumpft. Aber rationale Argumente kommen gegen das Angst- und Mangeldenken nicht an. Das Gefühl des Mangels ist etwas, dass sich nicht wegdiskutieren lässt. Die meisten von uns sitzen an einem gedeckten Tisch, sind satt, die Reste füllen den Mülleimer, es fehlt uns streng genommen an nichts – und trotzdem klagen viele Deutsche und lassen die, deren Leid wir zum Teil als Nation mit zu verantworten haben, direkt neben uns sterben.

Der Psychologe Robert Betz bringt diesen Teufelskreis, der aus dem Gefühl der Bedeutungslosigkeit und dem daraus resultierenden Mangeldenken entsteht, so auf den Punkt: »Ich muss mir etwas holen, da ich klein bin. Wenn ich nicht genug bin (habe), muss ich dem anderen etwas nehmen und der andere nimmt mir wieder was. Und da ich nicht geliebt werde, liebe ich auch nicht. Und ich ziehe mich zurück. Da der andere wütend ist, bin ich auch wütend.«[49]

So schaukelt sich die Gewaltspirale höher und höher und lässt uns aus den Augen verlieren, dass wir vom Wesen her hilfsbereit und liebend sind.

In Bertolt Brechts *Dreigroschenoper* heißt es: »Erst kommt das Fressen, dann kommt die Moral.« Eine These, die besagt, dass zunächst die Grundbedürfnisse gestillt sein müssen, ehe wir in der Lage sind, uns für andere einzusetzen.

In diesem Zusammenhang bietet die Maslowsche Bedürfnispyramide ein sinnvolles Erklärungsmodell. Abraham Maslow versuchte zu erklären, was Menschen motiviert, also die Frage zu beantworten, ab wann ein Mensch in der Lage ist, von einer Bedürfnisstufe zur nächsten zu wechseln. Er verstand das nicht als aufeinanderfolgenden Prozess, auch nicht als Rangliste, sondern er versuchte, sowohl den Inhalt als auch die Art von Motiven darzustellen. Seine Erkenntnisse würden das Verhalten, besser das Stillhalten oder die ausufernde Destruktivität, die sich im Zusammenhang mit den Geflohenen zeigt, ein Stück weit erklären. Maslow schrieb 1973 in seinem Buch *Psychologie des Seins*: »Destruktivität, Sadismus, Grausamkeit sind nicht inhärent [...], sondern wesentliche Reaktionen auf Frustrationen unserer inhärenten Bedürfnisse.«[50]

Obwohl das Modell hierarchisch aufgebaut ist, bleibt es in einem gewissen Rahmen flexibel. Ich finde sehr treffend, was die krebskranke, todgeweihte Romanheldin Hazel Grace im Buch *Das Schicksal ist ein mieser Verräter* zu Maslows Theorie sagt: »Nach Maslow steckte ich auf der zweiten Stufe der Pyramide fest, und da mein Bedürfnis nach körperlicher Unversehrtheit nicht gestillt werden konnte, hätte ich überhaupt nicht in der Lage sein dürfen, nach Liebe und Respekt und Kunst oder so was zu streben, was natürlich vollkommener Blödsinn ist: Das Bedürfnis, Kunst zu schaffen oder über Philosophie nachzudenken, verschwindet nicht, wenn einem andere Bedürfnisse verweigert werden. Es wird durch das ungestillte Bedürfnis nur verklärt.«[51]

Ähnlich verhält es sich mit unseren sozialen Bedürfnissen. Mit dem Wunsch, durch sein Tun einen Platz in der Gesellschaft einzunehmen. Trotzdem gibt es die Tendenz, dass Menschen, die ihr Grundbedürfnis nach Sicherheit nicht gestillt sehen (es liegt unterhalb der sozialen Bedürfnisstufe), nicht in der Lage oder nicht motiviert sind, sich in die Gesellschaft einzubringen. So tragen sie selbst dazu bei, dass der Zustand, unter dem sie leiden, sich nicht verändert.

## BOOTSLADUNGEN VOLLER GEFÜHLE

Unsere Gefühls- oder Leblosigkeit ist eine Gefühlsvermeidung. Emotionen sind ein Teil von uns, sie gehören wie die Leidenschaften zu unserem Wesen. Leider kennen sich viele Menschen selbst nicht, verstehen die Signale der Seele nicht, haben Angst vor dem, was sie bewegt. Wie sollen wir uns kennen, wenn der Fokus seit Generationen darauf liegt, das Gehirn, nicht aber das Herz zu erforschen und zu trainieren? Wir häufen Wissen an, wir können die ganze Welt bereisen, können alles googeln, aber wer bringt uns bei, zu verstehen, was wir fühlen?

Bis zum September 2001 waren Krieg und Gewalt etwas, das uns in Europa »nicht betraf«. Selbst der Balkankonflikt, der so nah war, hat die wenigsten tangiert. Niemand ging auf die Straße, obwohl Deutschland während des Bürgerkrieges in Bosnien-Herzegowina rund 350 000 bosnische Flüchtlinge aufnahm. Kaum jemand protestierte gegen die Gewalt und den Horror, die sich in unmittelbarer Nähe abspielten. Ein Grund dafür war, dass die »Wende« in jener Zeit von den Deutschen einen großen Umbruch erzwang. Aber mehr noch spielte eine Rolle, dass wir uns sicher fühlten.

Und nun kommen Bilder des Elends und die Gewalt gefährlich nah an uns heran. Die Geflohenen, die plötzlich in unseren Sporthallen wohnen, die Toten im Mittelmeer, die Opfer der Attentate von Frankreich, Belgien, der Türkei oder Ansbach – selbst wenn wir uns bemühen, sie auszublenden, so rütteln sie dennoch an uns.

Im Grunde brechen alte Wunden auf. Das birgt, bei allem Schmerz, auch die Chance, dass endlich zutage kommt, worum es wirklich geht. Der Drang, im Affekt mit Wut und Hass zu reagieren, weil man sich getroffen fühlt, ist verständlich. Aber er führt zu nichts außer zu noch mehr Gewalt und Hass. Hier werden »Knöpfe gedrückt« – und viel wichtiger als die Frage nach Schuld wäre die Frage, was sich hinter den Knöpfen verbirgt.

Eltern kennen oder ahnen das Phänomen der »Knöpfe«, die gedrückt werden. Kinder konfrontieren uns auf eine sehr direkte Art mit unseren Schwächen. Sie »kitzeln« Eigenarten hervor, mit denen wir selbst nicht im Reinen sind. Kinder konfrontieren uns mit ihrer Bedingungslosigkeit. Die Halbherzigkeit, die wir oft an den Tag legen, ist ihnen fremd. Sie tun nichts halbherzig, sondern sind mit 200 Prozent dabei. Immer dort, wo wir mit unseren Gefühlen im Unklaren sind, docken Kinder an.

Sie steuern das nicht bewusst, es ist eher ihr angeborener Drang nach Klarheit, nach Authentizität, der sie veranlasst, so zu handeln. Sie wollen wissen, woran sie sind und auf wen sie sich verlassen können. Gleichzeitig spiegeln sie unser Verhalten. Ihre Ehrlichkeit zeigt uns unsere Masken. Ihre Liebenswürdigkeit zeigt uns die eigene Lieblosigkeit. Ihr Staunen zeigt uns unsere Abgeklärtheit. Mit ihrer Lebendigkeit wirken sie manchmal wie eine Bedrohung. Indem sie das »innere Kind« der Eltern wecken, es aus der Verdrängung holen, legen sie den Finger in alte, längst vernarbt geglaubte Wunden.

Jeder trägt dieses »innere Kind« in sich. Es verkörpert die Erinnerungen daran, wie wir die ersten Lebensjahre erlebt und verarbeitet haben. Das »innere Kind« ist die Summe der psychischen Wunden, die uns zugefügt wurden. In ihm schlummern unsere Potenziale, die wir aufgrund der Rahmenbedingungen, in denen wir aufgewachsen sind, nicht entwickeln konnten.

Stellen Sie sich vor, ein Kind mit einem musischen Talent wird in eine Akademikerfamilie hineingeboren. Die Eltern sind Wissenschaftler, beide sehr »verkopft«, beide so erzogen, dass Musik »brotlose Kunst« sei. Obwohl sie ihr Kind lieben, wird es ihnen kaum gelingen, die Anlagen des Kindes vorbehaltlos anzunehmen und zu fördern. Entweder entdecken sie das Talent gar nicht, oder sie unterstützen es nicht, weil sie der Meinung sind, dass das Kind etwas »Ordentliches« lernen soll.

In beiden Fällen wird dem Kind suggeriert, dass es nicht richtig ist, so wie es ist. Was macht also das Kind? Seinen Eltern zuliebe spaltet es diesen Teil seiner Persönlichkeit ab. Es studiert zum Beispiel irgendwann Wirtschaft und fühlt immer, wenn es Musik hört, einen Schmerz in sich, den es sich nicht erklären kann, und deshalb unterdrückt.

Das, was da schmerzt, ist ein Anteil des inneren Kindes – und zwar jener, der abgespalten beziehungsweise geopfert wurde. Ein Verlust, der nie richtig betrauert werden konnte, weil das Kind geglaubt hat, dass die Eltern recht hatten.

Neben den schönen Seiten wie Begeisterungsfähigkeit, Staunen, Lebendigkeit und Neugier symbolisiert das innere Kind unsere Angst, unsere Verwundbarkeit, unsere Sehnsucht nach Liebe und Anerkennung und gleichzeitig unsere Angst davor, verletzt und zurückgewiesen zu werden. Ein Kind, das seine Lebendigkeit nicht »leben« konnte, weil es »gestört« hat, wird sich als Erwachsener höchstwahrscheinlich auch an Lebendigkeit stoßen. Jemand, dessen Bedürfnis nach Liebe nicht erfüllt wurde, wird sich schwer damit tun, anderen Liebe zu geben.

Um diese inneren Mechanismen zu durchschauen, müssten wir bereit sein, unsere Gefühle wahrzunehmen, denn sie sind der Kompass. Leider wurde uns das Fühlen in den letzten Jahrzehnten gründlich abtrainiert. Sprach jemand davon, dass sich »das Innere im Außen spiegelt« und umgekehrt, wurde er von den meisten ausgelacht und in die esoterische Ecke geschoben. Wie überhaupt einiges, das sich in Richtung Emotionalität oder Mitgefühl bewegte, gern als »Eso-Quatsch« abgetan wurde.

Dabei war der Ausdruck unserer Gefühle unser erstes Kommunikationsmittel. Schreien, Weinen, Glucksen, Lachen, Wimmern, Kreischen – jedes Geräusch, das ein Baby von sich gibt, jede Geste, jede Bewegung ist ein unmittelbarer und direkter Ausdruck seiner Gefühle. Ist die Reaktion darauf nicht entsprechend der »Erwartung« des Säuglings oder fällt sie sogar ganz aus, fühlt der Säugling einen Zustand der Hilflosigkeit. Er wird ängstlich, fühlt sich im schlimmsten Fall sogar in seiner Existenz bedroht und reagiert darauf. Manche Babys werden still, andere schreien wie am Spieß, wiederum andere passen sich in ihren Reaktionen den Eltern an oder werden aggressiv.

## DIE BEDEUTUNG VON ERZIEHUNG UND BILDUNG

Wirft man nun einen Blick auf die Erziehung der letzten Jahrzehnte, zeigt sich klar, dass sie oft einen weiteren Beitrag dazu leistet, dass wir nicht oder kaum in der Lage sind, unsere Gefühle einzuordnen oder überhaupt zu fühlen. Das ist wiederum keine Frage der Schuld. Eltern sind nicht »schuldig«, Lehrer sind nicht »schuldig«. Sie geben das, was sie geben können. Jeder Erwachsene war selbst ein Kind, ist geprägt von seinen Erfahrungen und trägt daher genauso ein verletztes inneres Kind in sich. Das nimmt allerdings den meisten Menschen die Möglichkeit, die Not oder Bedürftigkeit der eigenen Kinder richtig einzuschätzen und dementsprechend zu handeln.

Heute wie in den vergangenen Jahrzehnten wollen wir Kinder »erziehen«. Das ist im Grunde vollkommen absurd, denn die Kinder bringen alle Anlagen mit, die man für ein vollkommenes und erfülltes Leben bräuchte. Wichtig wäre, diese zu bilden, ihnen den Rahmen zu geben, dass sie sich entfalten und entwickeln können.

Erziehen heißt leider oft auch, einen Rahmen zu stecken, allerdings einen, in dem die Kinder für uns Erwachsene passend gemacht werden. Sie sollen in unsere Normen, in unseren Alltag »eingefügt« werden.

Heutzutage gehen viele Mütter und Väter mit großen Erwartungen an ihre Elternschaft heran. Alles soll richtig und perfekt sein. Doch so sind Kinder eben nicht, sie fügen sich nicht in den engen Kreis unserer Maßstäbe. Das löst bei vielen Eltern Stress aus, sodass es – auch wenn nicht laut ausgesprochen – immer noch Ansinnen vieler Eltern ist, den Willen des Kindes zu brechen. Die Erziehung zur Härte, die in den Erziehungsratgebern der Kriegs- und Nachkriegsjahre gefordert wurde, hält sich hartnäckig in den nachfolgenden Generationen.

Die Sicht auf das Kind, die unter anderem von der Ärztin Johanna Haarer in den 30er-Jahren vermittelt wurde, prägt bis heute unseren Erziehungsstil. Nur nicht zu viel Aufmerksamkeit, Kinder sind »Tyrannen«, sie »manipulieren« uns – und jede intuitive Liebe und Zuwendung, die wir ihnen geben, sind grundsätzlich verdächtig und können als »Verwöhnen« ausgelegt werden. In den

Ratgebern von Haarer, die bis weit in die 1980er-Jahre verkauft wurden, wird der Säugling überwiegend als »Belastung« deklariert. Seine Bedürftigkeit wird nicht akzeptiert. Im Gegenteil – der Säugling wird aufgrund dieser »Bedürftigkeit als schuldhaftes Wesen bezeichnet, bevor er überhaupt weiß, was Moral und Schuld bedeutet«.[52]

Die Methode, die Haarer propagierte, hieß, die Kinder mit Nichtachtung zu strafen. Man ließ sie schreien. Unter dem Vorwand, dass sich die Lungen dann besser entwickeln würden, stellte man die Kinder allein in abgedunkelten Räumen ab und überließ sie ihrer Not.

Ähnliche Ratschläge findet man auch heute noch in diversen Erziehungsbüchern. Wie geschildert, konfrontieren uns Kinder unbewusst mit unserem eigenen inneren Kind. Ein schreiendes Kind weckt die Erinnerungen an Momente, in denen unsere eigene Bedürftigkeit nicht gestillt wurde. Meist können wir uns daran nicht mehr bewusst erinnern, aber unser Unterbewusstsein erkennt den Zusammenhang. So wird die Not des Kindes zu unserer eigenen Not. Die wollen wir schnellstmöglich abstellen. Darum ist es wichtig, das Kind zu erziehen, damit es uns nicht an unsere »Schwachstellen« erinnert.

Ein Teufelskreis. Denn wer als Kind keine Liebe und keine Bestätigung seiner Bedürfnisse erfahren hat oder nur eine »Liebe« kennt, die an Bedingungen geknüpft ist, der lernt schon in den ersten Lebensjahren, dass seine Bedürfnisse und seine Gefühle nicht zählen. Damit ist Mangeldenken, also das Gefühl, nie genug zu bekommen, aber auch, nie »gut genug« zu sein, vorprogrammiert.

Wer sich selbst als »mangelhaft« erlebt, dem fehlt in der Regel das Vertrauen in die eigenen Fähigkeiten und vor allem in die eigenen Gefühle. Denn wenn Bedürfnisse nicht erfüllt werden, hinterfragt das Kind nicht die Eltern, sondern sich selbst. Je mehr es sich selbst hinterfragt, desto abhängiger wird es wiederum von der Gunst der Eltern oder von Gleichaltrigen.

Hinzu kommt, dass viele Eltern es heute eigentlich »besser machen« wollen als ihre Eltern. Das führt dazu, dass sie häufig ins andere Extrem ausscheren, den Kindern jedes Bedürfnis von den Augen ablesen, jede kleinste Geste des Kindes loben und das Kind in allem, was es tut, positiv bestätigen. Damit geben Eltern allerdings die Führung aus der Hand, unterwerfen ihr Verhalten quasi dem des Kindes und vermeiden Konflikte.

Der Familientherapeut Jesper Juul fordert in diesem Zusammenhang Eltern auf, wie »Leitwölfe« zu agieren. In einem Interview sagte er: »Leitwölfe fällen durchaus Entscheide. Sie stellen sich Konflikten. Doch genau das tun viele heutige Eltern nicht. Harmonie ist für sie ein Ausdruck von Liebe. Ein solches Verhalten kann schlimme Folgen haben. Die Kinder lernen nicht, wie man mit vermeintlich unerwünschten Emotionen umgeht. Weil sie ständig im Mittelpunkt stehen, wachsen sie mit überdimensioniertem Ego, aber ohne genügend Selbstwertgefühl auf.«[53]

Auch in unserem seit Jahrzehnten starr auf Wissensvermittlung ausgerichteten Bildungssystem werden Kinder kaum zu selbstbewussten Menschen geformt. Erziehung zu Eigenständigkeit, zu selbstständigem Denken und Handeln, zu Kreativität und Co-Kreativität sucht man in einem Bildungsprogramm, das nach wie vor preußische Tugenden hochschätzt, vergebens. Eine Bildung, die auf Konkurrenz, Wissensvermehrung und Leistung ausgerichtet ist, arbeitet am Potenzial des Menschen vorbei.

Kinder sind grundsätzlich mit Neugier und Gestaltungslust ausgestattet. Das ist mir in Idomeni noch einmal sehr bewusst geworden. Mit welcher Begeisterung die Kinder dort mit dem, was ihnen zur Verfügung stand, gespielt haben, war sehr beeindruckend. Kieselsteine haben Bauklötze ersetzt, alte Kartons wurden zu Autos umgebaut – und die Umgebung war für die Kinder mehr Abenteuerspielplatz als Lager. Schön war auch, zu sehen, wie neugierig und offen sie den Besuchern von Idomeni begegnet sind. Als ich das zweite Mal dort war, hatte ich immer eine Traube von Kindern um mich herum, die mit mir spielen wollten.

Diese Erfahrung habe ich auch hier in Berlin in einer Notunterkunft gemacht. Ich brauchte mich nur hinzusetzen und ein paar Stifte und Blätter herauszuholen, schon scharten sich die Kinder um mich – und wie selbstverständlich fingen wir an, nicht nur zu malen, sondern auch zu lernen. Für Kinder gibt es keinen Unterschied zwischen Spielen und Lernen. Sie können überhaupt nicht verstehen, warum mit dem Eintritt in die Schule plötzlich »der Ernst des Lebens« beginnen soll und Spiel keine Bedeutung hat. Mit der starren Ausrichtung auf Wissensvermittlung bringen wir die Kinder nicht nur in einen Konflikt, weil sie sich von Natur aus viel lieber im Spiel weiterentwickeln. Wir verleiden ihnen auch die Motivation, zu lernen. Wir bringen ihnen Wissen bei, aber wir pflegen ihre natürliche Neugier nicht.

Wenn Themen und Sachzwänge, Anpassung und Strenge die legitimierten Ziele einer »Lehranstalt« sind, dann entziehen wir auch an dieser Stelle dem Vertrauen in die Gefühle das Fundament. Wir verunglimpfen sie, wenn alles, was auch nur ansatzweise in Richtung Emotion läuft, als »nicht zielführend« diffamiert wird. Gerald Hüther weist in seinen Vorträgen immer wieder auf diese Misere hin. Ebenso der Amerikaner John Taylor Gatto, der in einem Artikel schreibt: »Brauchen wir die Schule eigentlich wirklich? Ich spreche hier nicht von Bildung, sondern der Zwangsschule: sechs Unterrichtsstunden am Tag, fünf Tage die Woche, neun Monate im Jahr und das zwölf Jahre lang. Ist diese todlangweilige Routine überhaupt nötig? Und wenn ja, warum?«[54]

Die Antwort klingt heute so erschreckend wie vor 75 Jahren. Damals brauchte man Kanonenfutter, heute brave Konsumenten.

Ich selbst habe drei Kinder und beobachte seit mittlerweile 20 Jahren, wie aus neugierigen, offenen, mitfühlenden und empathischen Kindern im Laufe der Schuljahre abgestumpfte, lernunwillige, auf ihren Vorteil und auf Karriere ausgerichtete Jugendliche werden. Das erschreckt mich wirklich, und ich habe in den letzten Jahren oft darüber nachgedacht, ob es nicht besser wäre, die Kinder aus der Schule zu nehmen und mit ihnen um die Welt zu reisen. Ich bin ziemlich sicher, dass der Erfahrungsschatz, auf den sie nach so einer Reise zurückgreifen könnten, sie besser für das Leben wappnet als unsere engstirnigen Bildungswege.

## VÄTER IM KONTEXT UNSERER GEFÜHLE

Dass die Rolle, die Väter im Zusammenhang mit gesellschaftlichen Entwicklungen spielen, nach wie vor unterschätzt oder sogar negiert wird, ist ein weiterer Aspekt, der im Zusammenhang mit unserer Gefühlswelt nicht fehlen darf.

»Vaterlosigkeit ist der schädlichste Trend unserer Gesellschaft«, schreibt der amerikanische Sozialhistoriker David Blankenhorn in seinem Bestseller *Fatherless America*. Was für Amerika gilt, betrifft uns in Deutschland nicht weniger. Vaterentbehrung prägt unsere Gesellschaft. Und das nicht erst, seit die Scheidungsraten steigen und immer mehr Kinder bei alleinerziehenden Müttern aufwachsen.

Vaterentbehrung und die damit in Zusammenhang stehende kollektive Vaterabwehr hat über Jahrzehnte dazu geführt, dass unser Vaterbild nicht nur im individuellen, sondern auch im gesellschaftlichen Kontext verzerrt ist. Es schwankt zwischen Verachtung, Hass und Idealisierung. Somit ist Vaterentbehrung ein großes Thema. Gerade in Verbindung mit der »Leblosigkeit« und dem Unvermögen, zu fühlen, ist sie ein ganz wichtiger Aspekt, der meines Erachtens viel zu wenig Raum in öffentlichen Debatten bekommt, und das, obwohl das Thema in vielerlei Hinsicht immer wieder auftaucht.

Bereits 1971 veröffentlichte der Psychologe und Autor Alexander Mitscherlich das Buch *Auf dem Weg zur vaterlosen Gesellschaft.* Viele weitere Bücher unterschiedlicher Autoren folgten – und trotzdem wird die Dramatik dieser Entwicklung nach wie vor unterschätzt. In vielen Fällen geht es sogar darüber hinaus – sie wird bewusst unter den Tisch gekehrt, weil sie nicht in eine Politik passt, die seit einigen Jahren zweifelsfrei auf den Ausbau von Frauenrechten ausgelegt ist.

Es wird uns allerdings nicht erspart bleiben, die Vaterwunde anzuschauen, denn gerade die »Flüchtlingskrise« hebt sie noch einmal auf eine ganz neue Ebene. Die Attentate und Amokläufe der letzten Zeit deuten darauf hin, dass Vaterentbehrung auch in diesem Kontext eine Rolle spielt.

Männer und Frauen, die Vaterentbehrung erlebt haben, eint ein tiefer Verlustschmerz, der nicht gefühlt wird oder nicht gefühlt werden darf und der das Leben auf vielen Ebenen bestimmt. Unsere Gesellschaft leidet an einer Vaterwunde, die nicht nur durch die tatsächliche Abwesenheit von Vätern, sondern auch durch die bewusste und unbewusste Abwehr von Väterlichkeit immer wieder aufs Neue genährt wird.

Die Wunde führt zu einem Schmerz, der bei einzelnen Jugendlichen dazu führen kann, dass sie von einer ungebändigten Wut und einem Hass auf alles und jeden getrieben werden. In zahlreichen Sagen aller Kulturkreise rebellieren Söhne gegen Väter, bringen sie vielleicht sogar um. Heute haben wir tief verinnerlicht, dass die Hand nicht gegen den Vater erhoben werden darf. Also richtet der Betroffene seine Wut gegen sich selbst, gegen andere, gegen Mütter, das System oder gegen Obrigkeiten, die den Vater symbolisieren. Selten mit dem gezückten Schwert – aber in Form von Vaterabwehr wird das in vielfältiger Weise deutlich. Das reicht bis in unsere Institutionen und Gerichte. Die Tatsache, dass Kinder nach Trennungen in Deutschland von Richtern nach wie vor überwiegend der Mutter zugesprochen werden, ist ein Beispiel dafür.

Väter galten über viele Jahrzehnte als »Patriarch«. In dieser Rolle waren sie meist wenig liebevoll, angsteinflößend, herrisch und diktatorisch. Allein aus diesem Grund haben viele Menschen ein schmerzhaftes Verhältnis zu ihrem Vater, lehnen ihn ab, bekämpfen ihn oder bleiben ein Leben lang im ungelösten Konflikt mit dem Vater verhaftet.

Dass sowohl der Erste als auch der Zweite Weltkrieg dazu geführt haben, dass viele Väter »gebrochen« und entweder gar nicht oder stumm in ihre Familien zurückgekehrt sind, ist ebenfalls ein Punkt, der für das konfliktbehaftete Verhältnis zu unseren Vätern und zum väterlichen Aspekt unserer Gesellschaft führt. Über zwei Millionen männliche Soldaten ließen im Ersten Weltkrieg ihr Leben. Wie viele unter ihnen waren Väter? Darüber gibt es keine Statistik. Fakt ist, dass eine vaterlose Generation die nächste vaterlose Generation hervorbringt, denn Vaterentbehrung ist ein transgenerationales Trauma.

Matthias Stiehler schreibt in *Väterlos: Eine Gesellschaft in der Krise*: »Wir leben in einem Mangel an Väterlichkeit, in einer väterlosen Gesellschaft.«[55] Damit meint er nicht den Mangel an Vätern, sondern dass das Prinzip der Väterlichkeit, also das, was sie ausmacht, an Stellen, wo es dringend gefordert wäre, kaum vorhanden ist. Das Verhältnis zwischen Väterlichkeit und Mütterlichkeit sollte in einer Gesellschaft sowohl auf privater, institutioneller als auch auf politischer Ebene ausgeglichen sein. Dem ist jedoch nicht so. Um das zu erkennen, reicht ein Blick in unsere Betreuungs-

und Bildungseinrichtungen. In Kindergärten werden Kinder überwiegend von Frauen betreut, und auch in den Grundschulen gibt es eine weibliche Dominanz.

Für Stiehler und einige andere Autoren, die in diese Richtung forschen, nimmt die Entwicklung der Abwertung von Väterlichkeit bereits krisenhafte Züge an. Und das, obwohl sich immer mehr Väter aktiv und selbstverständlich in die Familie und die Erziehung ihrer Kinder einbringen. Vielen fehlt es jedoch an einem klaren Bild, was Väterlichkeit überhaupt umschreibt. Die Gesellschaft kann das nicht bieten und auch die Väter der Väter taugen häufig nicht als Vorbild, weil auch sie in den seltensten Fällen Väterlichkeit in einem umfassend ausgeprägten Sinne erfahren haben.

So ist statt Väterlichkeit »an vielen Stellen eine überbordende Mütterlichkeit zu konstatieren, die [...] zu einem falschen, oftmals aufgeblasenen Selbst und zu destruktiver Konkurrenz führt«, so Stiehler.

Diese Folge, also die destruktive Konkurrenz, ist allerdings nicht nur der »überbordenden Mütterlichkeit« zuzuordnen, sondern vor allem der Tatsache, dass Kinder, wenn sie keinen väterlichen Halt erfahren, sich verstärkt nach außen – also zu Gleichaltrigen – wenden. Die Auswirkungen hatte ich beschrieben, aber in diesem Kontext wird ihre Bedeutung noch klarer: Kann ein Kind zu seinen engsten Bezugspersonen keine Bindung aufbauen, muss diese Leerstelle auf andere Art gefüllt werden. Meist durch eine Bindung zu Gleichaltrigen oder in autoritär geführten Gruppen. Jungs, die auf den Vater verzichten müssen, neigen häufig dazu, sich in Peergroups einzuordnen, in denen ganz klare Hierarchien herrschen. Meist finden sie dort einen Anführer, der sagt, wo es langgeht, oder sie nehmen die Rolle selbst ein.

Hinter der Orientierung nach außen steckt unter anderem, dass das Kind intuitiv nach einer Möglichkeit sucht, sich von der engen Bindung zur Mutter zu lösen. Das ist notwendig, um selbstständig zu werden und sich im besten Sinne die Welt zu erobern. In einer gesunden Mutter-Vater-Kind-Triade unterstützt der Vater das Kind bei diesem oft schmerzhaften Ablöseprozess. Ein heranwachsendes Kind schwankt zwischen dem Wunsch, auf ewig symbiotisch mit der Mutter verbunden zu sein, und dem Drang, sich weiterzuentwickeln und autonom zu werden. Man kann das gut bei Kleinkindern beobachten, wenn sie laufen lernen. Wie sie sich nach der Mutter umschauen, sich vergewissern, dass sie da ist, gleichzeitig aber immer weiter weggehen und sich trauen, den eigenen Handlungsradius unabhängig von der Mutter zu erweitern.

Da es in unserer Gesellschaft an klaren Vorbildern für Väterlichkeit mangelt, rutschen viele Väter heute eher in eine »mütterliche« Vaterrolle. Sie werden zur Co-Mutti. Das liegt unter anderem daran, dass sie es als Mann schwer haben, sich der Frau als Gegenüber zu positionieren, weil die Frauen – auch oft als Folge von Vaterabwehr – ein Gegenüber bewusst oder unbewusst ablehnen. Diese Ablehnung nimmt in einigen Fällen sogar aggressive Züge an, wenn Frauen nach einer Trennung mit aller Macht und allen Mitteln, die ihnen zur Verfügung stehen, die Bindung ihrer Kinder zu deren Vätern verhindern. Damit projizieren viele Frauen ihre eigene Vaterwunde auf den Partner und das Kind.

Beispiele für mangelnde Väterlichkeit in der Gesellschaft gibt es viele. Stiehler führt unter anderem den Alltag in der Sozialarbeit an, in dem, um »gute und lässige Stimmung« zu erzeugen, Entscheidungen, die Einschnitte bedeuten würden, oft gemieden werden. Auch auf der privaten Ebene spiegelt sich der Verlust von Väterlichkeit, und zwar immer dann, wenn Väter für ihre Kinder Kumpel oder Freund sein wollen – und damit ihre Führungsrolle aus der Hand geben. Damit sind Kinder jedoch überfordert. Das wäre so, als würde der Leitwolf auch mal den »Kleinen« ranlassen, was in der Natur verheerende Auswirkungen auf das Rudel haben würde.

Auch in der Politik zeigt sich an vielen Stellen, dass das mütterliche Prinzip oft die Oberhand hat. Zum Beispiel immer dann, wenn Politiker Versprechungen machen, um das Volk »zu beruhigen«, gleichzeitig aber wissen, dass die Situation nach einer ganz klaren Haltung oder Entscheidung verlangt, die eventuell unangenehm sein könnte. Das Verhalten vor Wahlen symbolisiert das besonders.

Menschen, die Vaterentbehrung erlebt und sich diesem Thema nicht gestellt haben, sehnen sich ein Leben lang nach Väterlichkeit. Nach Halt und Begrenzung. Und paradoxerweise sind gerade jene, die suchen, bitter enttäuscht, wenn diese Väterlichkeit, die zum Beispiel auf der politischen Bühne ansässig ist, dem eigenen Ideal nicht mehr entspricht. Idealisierte Erwartungen werden zwangsläufig enttäuscht. So schreibt Matthias Stiehler zu diesem Aspekt: »Festzustellen ist die Ablehnung von Väterlichkeit immer da, wo sie unangenehm wird. Sobald eine Interessengruppe Einschränkungen hinzunehmen hat, werden diese mit Vehemenz abgelehnt [...]. Der väterlich auftretende Vater wird bekämpft, die Vaterfigur, die keine Entscheidungsmacht mehr hat, wird akzeptiert.«

In Hinblick auf aktuelle Dynamiken in Politik und Wirtschaft ist das eine sehr interessante Sichtweise. Alexander Mitscherlich spricht in diesem Zusammenhang von einer »Entleerung der Autorität«.[56]

In diesem Kontext sei noch einmal die Suche nach der Bedeutsamkeit aufgegriffen. Erfahren wir sie nicht von den Eltern, im Speziellen durch den Vater, so versuchen Kinder, sie im Außen, also in ihrer Peergroup, zu erlangen. So bietet sie nicht nur Orientierung und Sinn, sondern die Möglichkeit, sich über andere zu stellen und sich dadurch bedeutend zu fühlen. Das fällt besonders Jungen, die Vaterentbehrung erleben, leicht, weil sie auch innerhalb des Familienverbunds oft in die Rolle des Vaters rutschen, wenn er abwesend ist. Abwesend bedeutet hier auch, dass er zwar Familienmitglied ist, aber sich als solches nicht einbringt.

Manchmal wird der Rollentausch durch die Mutter verstärkt, besonders dann, wenn sie nach der vielleicht schmerzhaften Trennung vom Vater alle Männer grundsätzlich ablehnt, einen Jungen allerdings neben sich duldet. Manchmal geht der Rollentausch aber auch vom Kind selbst aus. Er entsteht dann durch den unbewussten eigenen Antrieb, die Mutter zu unterstützen und ihr »Kummer« zu ersparen. In der Konsequenz entsteht daraus ein Abhängigkeitsverhältnis, dass viele bis ins hohe Erwachsenenalter nicht auflösen können und das das allgemeine Vater- und Männerbild der Gesellschaft nachhaltig beeinflusst.

Menschen, die von ihrem Vater keine positive Bestätigung oder Bestärkung erfahren haben, also in ihrem Wunsch nach Bedeutung nicht gespiegelt wurden, tragen diese Kränkung oft ein Leben lang mit sich. Sie suchen dann immer wieder nach Möglichkeiten, dem »imaginären« Vater zu beweisen, dass sie etwas können. Das nimmt teilweise abstruse Züge an und ist gerade unter dem Aspekt der Gier und Machtsucht ein interessanter Ansatz.

Wenn Sie noch einmal zurückdenken zum Anfang des Buches, noch einmal das Streben vieler Personen, aber auch das gesellschaftliche Streben nach immer mehr Konsum, nach Bedeutung und Fortschritt, nach Macht anschauen, dann lässt sich der Zusammenhang zur mangelnden Väterlichkeit in unserer Gesellschaft leicht herstellen.

## INDIVIDUELLE FOLGEN VON VATERENTBEHRUNG

Ich bin in meinem Buch *Die verletzte Tochter* auf die individuellen Folgen der Vaterentbehrung eingegangen und möchte den Punkt unter einem anderen Blickwinkel aufgreifen.

Die individuellen und sozialen Folgen der Vaterentbehrung werden im öffentlichen Raum eher bei Jungen sichtbar als bei Mädchen. Wo der Vater fehlt, springt bei Jungen häufig das »Vaterland« ein, Idole, Drogen oder eine rigide und hierarchisch aufgebaute Gruppe. Das jedoch kann die Liebe, Fürsorge und Führung, die ein Vater im besten Fall gibt, niemals ersetzen.

Fehlt Jungen der Vater und damit die männliche Identifikationsfigur, dann hat das unter anderem Auswirkungen auf die Gewissensbildung. Das Gewissen entwickelt sich in der frühen Kindheit aus dem Wissen um die eigenen Grenzen und die des Gegenübers. Indem Väter mit ihren Söhnen raufen, sie herausfordern, sie körperlich spürbare Reize setzen, kann sich der Bereich im Gehirn ausbilden, wo das Gewissen lokalisiert ist. Bleiben diese Impulse aus, bleibt auch dieses Gehirnareal, vorrangig Abschnitte des Stirnhirns, unterentwickelt. Gewissen bedeutet, dass eine innere Stimme uns davor bewahrt, etwas zu tun, das anderen Schaden könnte. Es geht also um ein ungutes Gefühl. Haben wir nicht gelernt, dieses ungute Gefühl zu deuten, gehen wir darüber hinweg, sind also auch nicht oder nur eingeschränkt in der Lage, die Konsequenz unseres Handels abzusehen. Oder wir gehen ganz bewusst darüber hinweg und nehmen die Konsequenzen in Kauf, wünschen sie sogar herbei.

Jungs, die Vaterentbehrung erlebt haben, neigen dazu, ihre Wut und ihre Trauer zu verdrängen und stattdessen in destruktiver Form auszudrücken. Bei ihnen kann die natürlich angelegte Aggression, also der gesunde Trieb, voranzukommen, sich in eine starke Destruktivität umkehren. Ich sage an der Stelle bewusst »kann«, denn nicht aus jedem vaterlos aufgewachsenen Jungen wird ein Gewalttäter. Die Folgen können viel weniger offensichtlich sein. Sie können sich in einer Ablehnung von Autoritäten oder in einer Auflehnung gegen die Mutter und gegen Frauen zeigen. Jungs oder junge Männer haben unbewusst den Drang, sich von der engen Bindung zur Mutter zu befreien. Geschieht das nicht auf natürliche Weise, suchen sich die Jungen einen anderen Weg. Sie werten die Mutter ab, werden aggressiv ihr gegenüber, was bis hin zu einem ausgeprägten Hass auf Frauen anwachsen kann.

Es gibt auch viele Jungen, die ihre Verletzung nicht nach außen tragen, sondern mit sich ausmachen. Vaterentbehrung hat viele Gesichter. Das, welches wir oft sehen, ist die Abkehr von Gefühlen. Andere Auswirkungen der Vaterentbehrung wie Verwahrlosung, kriminelles Verhalten, Anwendung von Gewalt, Ausübung von Macht- und Konkurrenzkämpfen, Depression, Sucht und Suizid in der Jugend oder später im Erwachsenenalter sind ebenso überwiegend ein Thema von Söhnen. Nicht nur dann, wenn sie ohne Vater aufgewachsen sind, sondern auch, wenn sie einen Vater an ihrer Seite hatten, der seine Rolle physisch und psychisch nicht ausfüllen konnte. Für sein Buch *Die vaterlose Gesellschaft* hat der Autor Matthias Matussek folgende Zahlen zusammengetragen:

Kinder, die ohne Vater aufwachsen, sind:
5-mal mehr gefährdet, Selbstmord zu begehen,
32-mal mehr gefährdet, von zu Hause wegzulaufen,
14-mal mehr gefährdet, Vergewaltigungen zu begehen,
9-mal mehr gefährdet, frühzeitig die Schule abzubrechen,
10-mal mehr gefährdet, Drogen zu nehmen,
9-mal mehr gefährdet, in einer Erziehungsanstalt zu landen,

20-mal mehr gefährdet, sich im Gefängnis wiederzufinden,

33-mal mehr gefährdet, ernstlich körperlich misshandelt
    zu werden,

73-mal mehr gefährdet, selbst Opfer tödlichen Missbrauchs
    zu werden.

Diese Zahlen sollten uns endlich wachrütteln, denn solange wir nicht genau hinsehen und die Dynamik darin nicht erkennen und stoppen, wird sich daran nichts ändern. Unsere Gefängnisse sind voll von Männern, die keinen starken und verantwortungsvollen Vater an ihrer Seite hatten. Die kein Gewissen und keine Frustrationstoleranz entwickeln konnten. Die keine Gefühle zeigen durften, weil sie die Mutter, die ihnen Gefühle hätte vermitteln können, ablehnen mussten.

Alle Amokläufer der letzten Jahre waren Jungs oder junge Männer. Im Jahr 2014 haben in Deutschland insgesamt 546 junge Menschen vor ihrem 21. Geburtstag Suizid begangen. 417 davon waren Jungs. Jungen werden häufiger Opfer von Mobbing, sind aber auch häufiger Täter. Und auch der Blick in Vorstandsetagen zeigt heute, wie unterentwickelt das Gewissen in unserer Gesellschaft ist. Die Bankenskandale oder der VW-Betrugsskandal sind nur die Spitze eines großen Eisbergs.

Auch für Frauen hat Vaterentbehrung weitreichende Konsequenzen. Mädchen neigen eher dazu, sich selbst die Schuld zu geben, und richten ihre Emotionen vorwiegend nach innen. Die Folgen sind vielfältig. Sie reichen von negativen Entwicklungen im intellektuellen Bereich über ein instabiles sexuelles Identitätsgefühl bis hin zu schweren seelischen Erkrankungen wie Neurosen, schweren Persönlichkeitsstörungen oder Schizophrenie. Mädchen, die ohne Vater aufwachsen oder mit einem Vater, der seine Rolle nicht einnimmt, haben es oft schwer, in einer wirklich gereiften Frauenrolle aufzugehen. Häufig bleiben sie das kleine Mädchen, das später im Partner oder im Chef den Vaterersatz sucht. Oder sie spalten ihre Gefühle ab, legen sich einen Panzer zu, rüsten sich zur »Amazone« und setzen auf Leistung und Macht. Was sie alle verbindet, ist die Verletzung, die dann später im Erwachsenenalter doch häufig nach außen projiziert wird, indem Väter und Männer von diesen Frauen abgewertet werden. Dem zugrunde liegt eine tiefe Vaterwunde, ein tiefes Misstrauen in die Verlässlichkeit menschlicher Bindungen und ein meist gestörtes Verhältnis zum eigenen Ich.

Eine Folge, die ich aus meiner Erfahrung bestätigen kann. Ich selbst kenne meinen leiblichen Vater nicht und habe jahrzehntelang die Auswirkungen gespürt. Ich weiß heute, dass Frauen, die keine liebevolle Beziehung zu ihrem Vater aufbauen konnten oder denen der Vater fehlte, diesen Verlust in ihre Beziehungen zu Männern und in die Beziehungen zu ihren Kindern tragen. Als Frau ist man nicht in der Lage, seinen Kindern ein Bild von Väterlichkeit zu vermitteln. Erst recht nicht, wenn man selbst Väterlichkeit nie in ihrer idealen Form erfahren hat. Und das haben die wenigsten von uns.

In einigen Fällen gibt es Vaterentbehrung in der vierten Generation – und das leider mit steigender Tendenz. Die Geschichte zeigt uns, dass sich dieses Drama, ob wir es nun wahrnehmen oder nicht, immer wieder abspielt. Vaterentbehrung erzeugt einen Mangel. Kinder, die ohne Vater aufwachsen, suchen im Außen nach dem, was der Vater hätte geben können. Damit wird Vaterentbehrung auch zu einem politischen Thema, denn wenn eine Generation von ihr gekennzeichnet ist, ruft sie automatisch nach Leitfiguren. Nach klaren Strukturen und Grenzen. Nach einer Art Übervater, nach einer idealisierten Figur des Vaters, der in der Kindheit gefehlt hat. Das betrifft Männer und Frauen gleichermaßen.

Vaterentbehrung ist ein Trauma. Wenn der Vater geht oder durch Trennung aus dem Mutter-Vater-Kind-Dreieck herausgedrängt wird, entsteht eine Wunde, die ein Leben lang bestehen kann. Sie kann so tief sein, dass wir sie mit aller Macht von uns weisen und damit alle Gefühle abspalten, die mit ihr im Zusammenhang stehen. Bekommen wir eigene Kinder, bricht die Wunde oftmals wieder auf, weil die Kinder eben »Knöpfe drücken« und uns somit daran erinnern.

Menschen, die Vaterentbehrung erlebt haben, fühlen sich oft entwurzelt. Weil das nicht gefühlt werden »darf«, lehnen viele die Begegnung mit anderen »entwurzelten« Menschen ab. Dazu gehören die Geflohenen. An der Stelle wird vielleicht noch deutlicher, was es heißt, sich im Schmerz der anderen zu spiegeln. Die Ablehnung der vielen »jungen Männer«, die zu uns gekommen sind, hat etwas damit zu tun, dass auf gesellschaftlicher und politischer Ebene offensichtlich niemand bereit ist, die väterliche Rolle einzunehmen, also ihnen Führung zu geben. Das wäre aber etwas, das wir ganz dringend bräuchten, wenn wir Gewalteskalationen, die sich zwangsläufig auch aus ihrer Vaterlosigkeit ergeben, etwas entgegensetzen wollen.

Auch Angela Merkels Ausspruch »Wir schaffen das« war eher eine mütterliche Reaktion. Sie hat aus einem mütterlichen und menschlichen Impuls heraus verschwiegen, dass wir zwar ein reiches Land sind, aber in der Kürze der Zeit überhaupt nicht in der Lage waren, Strukturen bereitzustellen, um alle Geflohenen, die zu uns gekommen sind, angemessen zu versorgen. Es wäre wichtig gewesen, zu kommunizieren, dass das Auswirkungen im Sinne von »Einschnitten« mit sich bringt, dass wir alle als Gesellschaft gefragt gewesen wären. Das hat sie nicht getan, und so hat sich der Druck einerseits auf dem Rücken der vielen freiwilligen Helfer aufgebaut und andererseits in rechter Gewalt und im Zulauf vieler Menschen zu rechtspopulistischen Parteien entladen, die nur auf den ersten Blick Väterlichkeit verkörpern.

Solange väterliche Eigenschaften auf der einen Seite erwartet, auf der anderen Seite jedoch vehement abgelehnt werden, wird es keine Stabilität und Eigenständigkeit in unserer Gesellschaft geben.

Ein erster Schritt, das zu ändern, wäre die gesetzliche Einbindung von Vätern in die Erziehung nach einer Trennung. An dieser Stelle hinkt Deutschland der Entwicklung im europäischen Raum hinterher. Väter sollten nach einer Trennung ihren Kindern gegenüber gleiche Rechte und Pflichten genießen wie Mütter. Darüber hinaus muss es in der Arbeitswelt ein Umdenken geben. Ansätze gibt es bereits, aber die reichen bei Weitem nicht aus. Es muss möglich sein, dass jeder Vater ohne Weiteres aus der Rolle des Ernährers in die Rolle des Erziehers wechseln kann. Und zwar ohne, dass er deshalb seinen Job verliert oder von anderen belächelt wird.

Der dritte Schritt ist einer, den wir alle gehen können: die persönliche Auseinandersetzung mit unserer Vaterwunde. Sie ist meiner Ansicht nach die Hauptursache für die Ablehnung von Väterlichkeit in unserer Gesellschaft und auch für die Abkehr von Gefühlen. Vaterentbehrung ist zwar heute fast alltäglich, das macht sie aber nicht weniger dramatisch. Der Verlust eines Vaters oder das Gefühl, vom Vater nicht gewollt und akzeptiert zu sein, fügt vielen Menschen eine narzisstische Wunde zu, die nur überdeckt werden kann, indem man sich nach außen unverletzlich zeigt. Dafür ist es notwendig, die Gefühle abzuspalten.

Ich habe es im Buch *Die verletzte Tochter* bereits geschrieben: »Mein tiefes Mitgefühl gilt heute noch denen, die Vaterentbehrung – egal in welcher Form – erlebt haben oder erleben. Es berührt mich ganz tief, wenn ich ein Kind vor mir habe, das, aus welchen Gründen auch immer, keinen Vater an seiner Seite hat. Keine schützende und führende Hand, die warmherzig die Kindheit begleitet. Und es berührt mich, wenn ich Menschen sehe, die auch als Erwachsene noch leiden. Die mit den Folgen der Vaterentbehrung kämpfen. All das müsste nicht sein. Es liegt in unseren Händen, und es ist die Aufgabe jedes Einzelnen, diese Erfahrung des Leids zu transformieren und damit den Teufelskreis der Wiederholungen endlich zu durchbrechen.«[57]

## TRANSGENERATIONALE WEITERGABE VON TRAUMATA UND UNSERE UNFÄHIGKEIT, ZU TRAUERN

Unsere Abwehr von Gefühlen, also die Gefühlskälte, mit der wir dem Leid der Welt oder dem Leid der Geflohenen gegenüberstehen, hängt neben den bereits aufgezeigten individuellen Faktoren auch unmittelbar mit unserer Geschichte zusammen. Auch wenn die zwei Weltkriege viele Jahre zurückliegen und viele glauben, dass uns das heute nicht mehr tangieren sollte, so ist es doch so, dass uns diese Erfahrung mehr prägt, als uns lieb ist. Aus Studien ist bekannt, dass Traumata unter anderem über sogenannte RNA-Schnipsel in den Spermien übermittelt werden und dass sogar Enkel diese Informationen noch in sich tragen.

Isabelle Mansuy von der ETH Zürich hat das in Experimenten mit Mäusen nachgewiesen und die Ergebnisse der Studien 2014 in *Nature Neuroscience* veröffentlicht. Demnach ist es vorrangig der erlebte Stress, der diese Veränderungen im Erbgut auslöst. Er sorgt dafür, dass die Nachkommen schon von Geburt an weniger stressresistent sind. Gleichzeitig konnten Veränderungen im Stoffwechsel nachgewiesen werden. So waren der Insulin- und Blutzuckerspiegel niedriger als bei Jungtieren, deren Eltern und Großeltern keinen Stress erfahren hatten.[58]

Jeder, der Vorfahren hat, die den Krieg erlebt haben, trägt diesen Krieg in sich. Dass er selbst nicht dabei war, spielt in diesem Zusammenhang keine Rolle. Ich bin in Dresden geboren und kann mich lebhaft an Träume erinnern, die von Kriegsszenarien beherrscht waren, obwohl ich in den ersten Jahren meiner Kindheit weder mit Bildern noch mit Erzählungen aus dem Krieg konfrontiert wurde. Im Gegenteil, denn über die Gräuel des Krieges sprach man nicht.

Meine Oma wohnte in der Nähe der Elbe und hat die Bombardierung Dresdens hautnah erfahren. Sie hat nicht nur ihre große Liebe im Krieg verloren, sondern musste später mit einem Kleinkind im Arm vor Phosphorbomben fliehen und um ihr Leben laufen. Meine Oma haben der Krieg und ihre persönlichen Erfahrungen damit sehr stark geprägt. Auch wenn sie sich bemüht hat – sie war kaum in der Lage, Herzlichkeit und Wärme auszustrahlen. Sie musste funktionieren, war äußerst diszipliniert und auch besorgt, hat versorgt, war aber dabei stets streng mit sich und anderen, vor allem mit ihren Kindern. Die Auswirkungen hat meine Mutter zu spüren bekommen und in der Nachfolge ich, da auch meine Mutter von der Art meiner Oma und ihrer Erziehung geprägt war.

Die Journalistin Sabine Bode, die sich seit vielen Jahren mit dem Thema »Kriegsenkel« befasst, sagte in einem Interview: »Eltern, die sich von ihren besonders tief sitzenden Traumata aus der eigenen Kindheit nicht erholt haben, bekommen oft Probleme, wenn sie ihre Säuglinge versorgen müssen. Babys sind sehr hilflos und völlig auf die Eltern angewiesen. Das rührt die eigene unterdrückte Hilflosigkeit – das Gefühl des Ausgeliefertseins – wieder auf. Weil das nicht sein darf, geht eine Mutter, die so etwas spürt, aus dem emotionalen Kontakt mit dem Baby. Das wiederum versetzt ein Baby in Todesangst. Das Kind lernt also früh, dass es dafür sorgen muss, dass Mama stabil ist – andernfalls, weiß das Kind instinktiv, wird es selbst nicht versorgt.«[59]

Das »Versorgen« der Eltern, also die Umkehr der Rollen, ist etwas, das sowohl meine Mutter als auch ich erfahren haben und das ich bei vielen Frauen und Männern meiner Generation beobachte.

Dass sie sich um ihre Eltern nicht nur kümmern, sondern in einem ungesunden Maße die Verantwortung für sie übernehmen. Durch diese Verstrickung sind viele nicht in der Lage, selbst eine stabile Beziehung aufzubauen. Das drückt sich oft so aus, dass die Mutter oder der Vater im direkten Umfeld der Familie wohnen und dadurch den Alltag ihrer erwachsenen Kinder massiv beeinflussen.

Meine Oma hat Großes geleistet, sie hat vier Kinder allein versorgt, aber Nähe aufzubauen war ihr nicht mehr möglich. Zu schmerzhaft waren die Erinnerungen. Die Angst, sich zu öffnen und vielleicht noch mehr verletzt zu werden oder jemanden zu verlieren, den sie geliebt hat, prägte ihr Leben bis zum Ende. So wie meiner Oma ist es Hunderttausenden Müttern und Vätern ergangen. Ihre Kriegs- oder Nachkriegstraumata beeinflussen bis heute das Leben in unserer Gesellschaft.

Dabei sind es nicht nur die schrecklichen Erlebnisse, die Verluste und Verletzungen, sondern es ist vor allem die »Schuld«, die uns seit mehreren Generationen im Klammergriff hält. Die Nationalsozialisten und alle, die mit ihnen marschiert sind, die in ihrem Namen gemordet haben oder sie durch ihr Schweigen unterstützten, haben uns einen großen »Rucksack« aufgeladen, mit dem wir heute noch durchs Leben gehen.

Die Politikwissenschaftlerin und Autorin Barbara von Meibom spricht in ihrem Buch *Deutschlands Chance. Mit dem Schatten versöhnen* davon, dass durch die Nationalsozialisten »in unserem Land geistiges Potenzial missbraucht wurde«. Weiter sagt sie: »Dieser Missbrauch hat in Deutschland zum Einfrieren von Gefühlen und Fähigkeiten geführt, die uns heute in erheblichem Maße fehlen: die Fähigkeit, sich zu begeistern, die Fähigkeit, gelingende Beziehungen aufzubauen und zu entwickeln, die Fähigkeit, sich gemeinschaftlich mit anderen im Geiste zu verbinden, [...]

die Fähigkeit, sich für die höchsten spirituellen Fragen und Wahrheiten zu öffnen, Antworten auf die Frage nach dem Sinn des Lebens zu suchen und den ›Himmel auf die Erde zu bringen‹, sprich: zu einer Humanisierung der Gesellschaft beizutragen.«

Stattdessen neigen wir, wie Meibom schreibt, zu Rechthaberei, sind regelkonform, ohne Rücksicht auf menschliche Bedürfnisse zu nehmen, verhalten uns rücksichtslos und wehren unsere eigene Scham ab, indem wir andere entwerten.

Gerade diese »Schattenaspekte«, wie Meibom sie nennt, treten im Zusammenhang mit der »Flüchtlingskrise« besonders zutage. Das wird bei Mechanismen deutlich, die dafür sorgen, dass Geflohene, die Verwandte in einer Stadt haben, trotzdem quer durch die Republik geschickt werden, weil der Verteilerschlüssel es so verlangt. Das wurde auch dadurch deutlich, dass wir nicht in der Lage waren, bestimmte Regularien außer Kraft zu setzen, obwohl sich wie im Berliner Landesamt für Gesundheit und Soziales zeigte, dass es für die Geflohenen ein erniedrigender und unzumutbarer Zustand war, sich über Wochen und Monate bei jedem Wetter anzustellen, um einen Termin für die Terminvergabe zur Registrierung zu bekommen.

Ebenso zeigen sich diese Schatten in der Art und Weise, wie viele Menschen in den sozialen Netzwerken agieren. Wie sie ihren Hass über jedem ausschütten, der sich dafür starkmacht, Geflohene willkommen zu heißen. Auch die Reaktionen auf den Amoklauf von München waren ein Paradebeispiel für das rechthaberische Wesen, das in vielen Deutschen wohnt.

Weder in der DDR noch in der BRD haben es die Menschen geschafft, dem Schatten des Krieges zu entkommen. In der Bundesrepublik hat man die Verletzungen dadurch verdrängt, dass man sich der Wirtschaft und dem Aufschwung zuwandte, in der DDR, indem man eine »neue« Gesellschaftsform beschwor. Getrauert im

Sinne einer psychologischen Aufarbeitung des Erlebten haben die wenigsten. Das wird nahezu greifbar, wenn man sich mit Menschen der Kriegsgeneration unterhält, oder in Dokumentationen, in denen sie zu Wort kommen, beobachtet. Viele fangen auch nach über 70 Jahren noch an zu weinen, können kaum sprechen, so ergriffen sind sie. Oder sie wehren den Schmerz rigoros ab und zeigen sich unbeirrt hart bis dahin, dass sie ihre Härte und Abwehr sogar idealisieren.

So sind es heute die Nachkriegsgeneration und vor allem die Kriegsenkel, die die Räume der Psychotherapeuten und Psychologen füllen. Viele stellen allerdings den Zusammenhang zwischen aktuellen Ereignissen, also Problemen, die sich im Alltag zeigen, und den Kriegsgeschehnissen überhaupt nicht her. Das verwundert nicht, denn schließlich haben die meisten von ihren Eltern und Großeltern gelernt, dass es besser ist, die »Zähne zusammenzubeißen«, als sich zu einem Psychologen auf die Couch zu legen.

Diese Haltung wurde vor allem von Müttern an die Töchter weitergegeben. Sich dem Schmerz und der Scham nicht zu stellen, das Erlebte unter den Teppich zu kehren galt als Stärke. Ich kann mich gut daran erinnern, dass es meiner Mutter immer schwerfiel, mich zu trösten. Sie selbst hatte gelernt, stark zu sein, und forderte das auch von mir ein. Mit dieser Haltung war sie nicht allein. Erst neulich habe ich einen Artikel gelesen, der mit dem Satz überschrieben war: »Eine starke Frau weint nur nachts.« Wer nur nachts weint, verschweigt am Tag seinen Kummer. Der setzt eine Maske auf und zeigt der Welt nicht, was wirklich in ihm vorgeht. Kinder, die in einem Elternhaus aufwachsen, in dem Verletzungen nicht thematisiert und die damit verbundenen Gefühle verdrängt werden, leiden häufig unter mangelndem Selbstbewusstsein und mangelndem Urvertrauen. Sie spüren natürlich, dass etwas nicht in Ordnung ist. Kommt jedoch die Rückmeldung von den Eltern, dass es keinen Grund gibt, zu fragen oder sich zu sorgen, dann zweifelt das Kind automatisch an seiner eigenen Wahrnehmungs-fähigkeit. Es stellt die Aussage der Eltern über sein eigenes Gefühl. Auf diese Art lernen Kinder, ihren Gefühlen zu misstrauen.

Wenn eine Mutter nur nachts weint, dann ist sie auch nicht in der Lage, ihren Kindern zu vermitteln, dass es in Ordnung ist, zu trauern. Dass es sogar wichtig ist. Mütter, die symbolisch gesehen »nur nachts« weinen, können den eigenen Kindern auch kaum Trost spenden. Dabei hätten gerade die Kinder, die während des Krieges geboren wurden, diesen Trost dringend gebraucht.

Die Kunsttherapeutin und Autorin Sabine Finze schreibt in ihrem Buch *Das Trauma der Kriegskinder* dazu: »Die Folge dieser unbewussten und unverarbeiteten Erfahrungen erschwerte meiner Ansicht nach die Kindererziehung und bewirkte eine Erstarrung des Gefühlslebens bei einigen Müttern und Vätern.«

Kinder während eines Krieges zu begleiten und sie ihren Bedürfnissen entsprechend aufzuziehen ist im Grunde fast unmöglich. Darum war es offenbar unumgänglich, einen Erziehungsstil zur Härte zu prägen. Um sich nicht der Angst hinzugeben, musste man die Angst und alle Gefühle, die damit verbunden waren, verdrängen. Das ist ein Mechanismus, den wir als Erbe in uns tragen und der heute wieder zum Vorschein kommt.

Die Geflohenen tragen den erlebten Krieg in unser Leben. Sie konfrontieren uns mit der Möglichkeit, dass es auch uns treffen könnte. Die Aussage »Sie bringen den Terror ins Land« kann man im übertragenen Sinne sehen – dass sie die Erinnerungen an die Vergangenheit wecken.

Trotzdem ist es sehr erstaunlich, dass gerade wir uns kollektiv überfordert fühlen, obwohl wir die Erfahrung gemacht haben, dass ein Land wie Deutschland es durchaus schafft, mit einem Flüchtlingsansturm wie diesem zurechtzukommen. Wir wissen es eigentlich als Gesellschaft, dass Flucht jeden treffen kann.

Für mich erklärt sich unsere Härte nur durch die Summe der

beschriebenen Gefühlsabwehr-Mechanismen unter den aktuellen gesellschaftlichen Rahmenbedingungen.

Empathie und Mitgefühl sind Eigenschaften, für die man die Fähigkeit braucht, Gefühle, auch wenn sie noch so ambivalent sind, auszuhalten, einzuordnen und sich nicht von ihnen beherrschen zu lassen. Das ist heute aus den dargelegten Gründen vielen Menschen kaum mehr möglich. Unsere Vergangenheit hat viele nach wie vor fest im Griff, während die Angst vor Kontrollverlust, die Angst vor Krieg und Terror, die Entfremdung innerhalb der Gesellschaft – aber auch die Individualisierung – ein immer größeres Ausmaß annehmen.

Die Frage bleibt also zunächst offen, ob und in welcher Form wir das bewältigen können.

# 6. WAS IST ZU TUN?
# WEGE AUS DER LEBLOSIGKEIT

Wenn ich mir morgens einen Tee koche, dann steht manchmal ein Sinnspruch auf dem Teebeutel. Heute las ich: »Wichtig ist nicht das Leben, sondern der Mut, mit dem du lebst.«

Gefühle zuzulassen erfordert Mut. Es ist eine Lüge, wenn wir behaupten, dass der, der Gefühle zulässt und sie zeigt, der Schwächere ist. Es ist eine Lüge, wenn wir behaupten, dass es uns zu Verlierern macht, wenn wir uns weich, freundlich und offen zeigen. Es ist eine Lüge, wenn behauptet wird, dass wir die Probleme dieser Welt nur mit Gewalt lösen können.

Ich bin der Ansicht, dass wir uns lange genug belogen haben und dass es Zeit wird, diese Lügen zu entlarven.

Die amerikanische Autorin Scarlett Lewis, deren Sohn bei einem Amoklauf in Newton getötet wurde, schreibt in ihrem Buch, dass es möglich ist, die Trauer durchzustehen, dass die Liebe nicht mit dem Tod des geliebten Menschen endet und dass es sogar möglich ist, aus den Trümmern des Verlustes etwas ganz Neues wachsen zu lassen. Sie zeigt einen Weg, der – würden wir ihn alle verinnerlichen – dazu beitragen kann, diese Welt zu einem besseren Ort werden zu lassen: »Wir alle müssen uns für die Liebe entscheiden, Mr. President!«, sagte sie bei einem Treffen zu Barack Obama.[60]

Und das trifft es. Weil Menschen, die geliebt werden und wirklich lieben können, keine Gewalttaten vollbringen. Weil sie nicht andere schwächen müssen, um sich selbst stark zu fühlen.

Wir hätten viel zu betrauern. Wir alle tragen Verlustschmerzen in uns. Viele haben in ihrer Kindheit die Erfahrung gemacht, nicht richtig zu sein, ausgegrenzt zu sein. Viele haben heute noch das Gefühl, in einer Gesellschaft zu leben, in der sie nicht Fuß fassen können. All diese Erlebnisse und Erfahrungen verdienen es, gefühlt und auch betrauert zu werden. Sie zu verdrängen und damit verbundene Gefühle abzuspalten führt uns immer weiter in die Sackgasse. Vielleicht fragen Sie sich, was es an dem Zustand dieser Welt verändern soll, wenn Sie sich Ihren Gefühlen zuwenden. Ich kann Ihnen aus eigener Erfahrung sagen, dass es einen großen Unterschied mit sich bringt. Nicht nur, dass Sie die Welt mit anderen Augen wahrnehmen – Sie werden auch spüren, dass es Ihnen wieder ein Bedürfnis ist, sich dafür einzusetzen, dass wir diesen Wahnsinn, der uns derzeit umgibt, stoppen. Das geht nur, indem wir uns jeden Tag aufs Neue für die Liebe entscheiden.

Das mag sich jetzt pathetisch anhören, trotzdem ist es der einzige Weg.

»Ich glaube, weltweiten Frieden können wir nur schaffen, wenn wir nicht nur unseren Verstand bilden, sondern auch unsere Herzen und Seelen«, sagte die Kinderrechtsaktivistin und Friedensnobelpreisträgerin Malala in einer Rede.[61]

Erst neulich musste ich mir zum wiederholten Male anhören, dass meine Forderung danach, sich endlich wieder für Frieden einzusetzen, statt weiter aufzurüsten, »so gar nichts« bewegen würde. Dass man mit solchen Mitteln keinen Krieg stoppen kann, sondern dass Frieden sich nur mit militärischer Gewalt erzwingen ließe. Ich frage mich jedes Mal, wenn ich so etwas lese, woher die

Menschen die Gewissheit nehmen, dass friedliche Wege unrealistisch sind. Wie sie auf so etwas kommen, wenn sie schreiben: »Wie wollen Sie diese radikalen gehirngewaschenen Terroristen stoppen? Glauben Sie, durch Kerzenmärsche oder mit süßen Plakaten können Sie die zur Aufgabe zwingen??? Sagen Sie mir bitte was Realistisches.«

Was kann realistischer sein, als unsere Fähigkeit, zu lieben, mit unserem präzise arbeitenden Verstand zu verbinden? Warum soll es nicht möglich sein, in Liebe zu *sein* und aus diesem Zustand heraus zu *denken*? Wir hätten die Fähigkeit, zu lieben, nicht in uns, wenn wir sie nicht bräuchten.

Warum wir die Kraft der Liebe und unserer Gefühle so radikal infrage stellen, habe ich versucht, in diesem Buch zu beleuchten. Nun geht es darum, aus diesem Wissen heraus zu handeln. Wir sollten uns nicht nur mit der Angst vor den eigenen Gefühlen auseinandersetzen, sondern auch damit, dass wir uns seit Langem weigern zu akzeptieren, dass unsere Lebensentwürfe unsere Seelen nicht nähren. Dass sie nicht glücklich machen, dass wir uns permanent verrennen. Nicht nur, indem wir die Dramen wegdrücken und unsere Gefühle nicht zulassen, sondern auch, indem wir uns mehr oder weniger in rationale Argumentation oder in Ablenkung flüchten. Damit halten wir den Schmerz von uns fern. Damit zeigen auch wir unseren Kindern, dass sie tapfer sein müssen. Aber wie sollen sie das denn angesichts der Welt, die wir ihnen hinterlassen werden?

Wenn ich mich heute umschaue und beobachte, wie abgestumpft, emotions- und herzlos viele von uns auf das reagieren, was da vor unserer Haustür passiert; wenn ich sehe, wie politische Entscheidungen gegen Menschenrechte getroffen werden, wenn ich sehe, wie die Mehrheit die Augen verschließt und sich mit dieser Verdrängung selbst von der eigenen Lebendigkeit abschneidet, dann weiß ich, dass es an der Zeit ist, sich auf Spurensuche zu begeben und zu analysieren, warum wir nicht mehr trauern können. Warum wir nicht mitfühlen, warum wir uns von einer gesunden Reaktion abschneiden und stattdessen in den Kopf flüchten.

Mir ist bewusst, dass Mitleid und Empathie begrenzte Ressourcen sind, die sich bei der Fülle an Elend, mit dem wir uns derzeit konfrontiert sehen, schnell erschöpfen. Wenn ich den Satz höre: »Wir können nicht die ganze Welt retten«, dann weiß ich auch, dass da etwas dran ist, denn ich spüre es ja selbst oft genug, dass ich bei dem, was ich tue, an Grenzen komme.

Aber es geht nicht darum, »die ganze Welt« zu retten. Es geht auch nicht darum, die Tore aufzumachen und alle Menschen, die sich auf der Flucht befinden, zu uns zu holen. Das denen zu unterstellen, die sich für eine Willkommenskultur einsetzen, ist absurd. Wünschenswert wäre allerdings, dass wir die Verantwortung spüren, die jeder Einzelne für den Zustand dieser Welt trägt. Wir sind Schöpfer. Wir haben die Möglichkeit, zu gestalten. Wir können uns jeden Tag, jede Stunde, jede Minute dafür entscheiden, etwas anders zu machen. Etwas besser zu machen. Uns einzubringen. Uns zu öffnen.

Es ist nicht möglich, auf die Fragen und die Herausforderungen, vor denen wir heute stehen, sofort eine Antwort parat zu haben. Genauso wenig ist es leicht, konsequent nach humanistischen Werten zu handeln. Ich habe, nachdem ich das erste Mal auf Lesbos war, einen Tag lang nur geweint. Nicht nur, weil ich Erlebnisse hatte, die mich ganz tief berührt haben, sondern aus purer Verzweiflung darüber, was Menschen anderen Menschen antun.

Ich weiß nicht mit Sicherheit, ob es gelingen kann, das Ruder herumzureißen. Ich weiß auch nicht mit Sicherheit, ob wir Menschen überhaupt in der Lage dazu sind, ohne Konkurrenz und ohne Zweikampf zu leben. Aber ich weiß, dass es einen Versuch wert ist, nachdem der Kopf und die Waffen so lange schon bemüht wurden.

Mir ist bewusst, dass das nicht von heute auf morgen geht und dass wir auch kurzfristig Antworten auf die drängenden Fragen unserer Zeit brauchen. Diese Antworten findet man allerdings nicht darin, dass man das, was bis heute nicht funktioniert hat, noch weiter verstärkt.

Die Indianer sagen: »Wenn dein Pferd tot ist, dann steig ab« – und ich glaube, unser Pferd ist schon lange tot. Es bringt nichts, es auf einen Wagen zu legen und es zu schieben. Wir sollten es beerdigen, den Verlust betrauern und uns auf ein neues, kraftvolles Pferd setzen.

Heribert Prantl schreibt in seinem Buch *Im Namen der Menschlichkeit*: »Es ist Zeit, sich auf Sankt Martin zu besinnen, einen der Schutzheiligen Europas. Es ist Zeit, die Klöster und Kirchen für Flüchtlinge aufzumachen, es ist Zeit, die Herzen für Schutzsuchende zu öffnen und die Haushaltspläne aufzustocken. Es ist Zeit, die Globalisierung der Gleichgültigkeit zu beenden.«

Wir sollten erkennen, dass das, was wir heute erleben, nichts anderes ist als das äußere Abbild unserer inneren Abkehr von der Liebe. Diesen Punkt kann man leicht bei sich selbst überprüfen, indem man sich bei jeder Entscheidung oder Handlung fragt: »Tue ich das, weil ich es liebe?«

Diese einfache Frage würde uns ohne Umwege die alltägliche Verlogenheit unseres Tuns aufzeigen. Wir würden erleben, wie sehr wir darauf konditioniert sind, unser Unwohlsein bei vielen Dingen zu verdrängen. Viele Menschen haben schon Schwierigkeiten, die Frage überhaupt zu stellen, weil sie von vornherein nicht auf den Gedanken kommen würden, die Liebe als wichtige Komponente in ihr tagtägliches Handeln zu integrieren. Die Liebe haben wir in die romantische Ecke geschoben. Wir bringen sie mehr oder weniger in die Beziehungen mit anderen ein, aber selten in die Beziehung zu uns selbst.

Der Terror und die Gewalt sind nichts, was sich nur im Außen zeigt. Der Autor David Rotter schreibt dazu: »Der IS ist nicht nur da draußen, er lebt in uns allen, in unserer Wut, in den Rachegefühlen, in der Angst, in dem Misstrauen, unserer Gier und Teilnahmslosigkeit.«[62]

Ich habe in den letzten Monaten viele Menschen getroffen, die ihr Herz geöffnet haben und sich entweder finanziell oder mit körperlichem Einsatz an der Hilfe für die Geflohenen beteiligt haben. Menschen aus allen Generationen und Gesellschaftsschichten. Ich habe erlebt, dass im Moment der Begegnung Vorurteile dahinschmelzen. Dass Fremde zu Freunden werden und es wirklich eine große Bereicherung ist, auf andere zuzugehen. Wir können die Krise und den Zustand dieser Welt nur gemeinsam verändern. An dieser Stelle sind alle gefragt. Darum bringt es nichts, sich abzuschotten und Mauern hochzuziehen, während es vor den Toren brodelt und fault. Dass jene, die unseren Wohlstand auszubaden haben, und jene, die unter anderem durch unsere Waffen bedroht werden, sich irgendwann auf den Weg machen, war abzusehen. Das werden wir auch nicht verhindern, indem wir an den Grenzen auf sie schießen lassen.

Es ist an der Zeit, gemeinsam aufzustehen. Allerdings nicht gegen Menschen, die bei uns Schutz suchen oder gegen andere Nationen, sondern gegen vorherrschende und einschränkende Denk- und Verhaltensmuster. Wir müssen unsere Konditionierungen erkennen und aufbrechen. Diese Welt wird sich verändern – und wir würden gut daran tun, wenn wir diesen Wandel aktiv mitgestalten und dabei nicht nur an uns, sondern vor allem an unsere Kinder, unsere Enkel und an die nachfolgenden Generationen denken.

Halten wir es mit den Worten des indischen Dichters Rabindranath Tagore, der sagte: »Wer Bäume setzt, obwohl er weiß, dass er nie in ihrem Schatten sitzen wird, hat zumindest angefangen, den Sinn des Lebens zu begreifen.«

Ich möchte noch ein letztes Mal aus Idomeni erzählen und Sie einladen, das, was Sie lesen, tief auf sich wirken zu lassen. Steigen Sie einen Mond in die Mokassins derer, die diese Zustände über Monate ertragen haben. Vielleicht fühlen Sie dabei Ihren eigenen Schmerz über die Entbehrungen und Verluste, die Sie selbst erlebt haben. Wenn dem so ist, dann haben Sie radikale Empathie gewagt. Sie bedeutet nicht nur, zu fühlen, wie es einem anderen ergeht, sondern dabei auch bei sich und den eigenen Gefühlen zu bleiben. Das ist ein wichtiger Aspekt, sonst brennt das Mitgefühl die eigene Seele auf Dauer aus.

Was wir derzeit erleben, ist eine Spirale aus Angst, Hass und Gewalt, die sich scheinbar immer schneller dreht. Anhalten können wir sie nur, indem wir bei uns und unseren Gefühlen bleiben.

*Am 6. März ist in Idomeni ein Baby geboren. In einem kleinen Iglu-Zelt. In der Kälte. Ohne Hygiene. Ohne sterile Geräte. Ohne ein kleines Armbändchen mit Namen. Ohne eine freundliche Hebamme, ohne einen Arzt. Ohne ein Willkommenstäschchen von der Firma Penaten oder Bübchen. Ohne frische Windeln. Gewaschen wurde das Baby mit Wasser aus einer Trinkflasche.*

*Willkommen in dieser Welt, kleiner Mensch.*

*Einen Tag, nachdem das Baby auf die Welt gekommen ist, wäre ein anderes Kind fast gestorben. An Atemnot. Weil es krank war und sich der beißende Rauch der Lagerfeuer, in denen leider nicht nur Holz verbrennt, in die kleinen Lungen gefressen hatte.*

*Ein paar Stunden zuvor kam ein anderer Junge gerade so mit dem Leben davon. Er war auf einen Übertragungswagen geklettert und erlitt einen Stromschlag. Der Zufall wollte es, dass der Übertragungswagen direkt neben der Krankenstation stand, was diesem Kind das Leben rettete.*

*Und, hören wir einen Aufschrei? Marschieren Staatsmänner Hand in Hand über die Champs-Élysées? Gibt es eine Petition? Entdecken Politiker ihr Herz? Nein, sie denken nicht an Frieden. Nicht an die Kinder. Im Gegenteil. Sie wittern Erpressung, wenn Bilder aus dem Elend gezeigt werden.*

*Was mich in Idomeni am meisten beeindruckt hat, war, mit welcher Kraft die Jungen und Mädchen das alles ertragen. Den Müll, den Matsch, die Kälte, die unwirtliche Umgebung. Die Tatsache, dass sie keinen Spielplatz haben, keine Schule, kein Zuhause. Die Tatsache, dass sie vielleicht sogar ohne Eltern hier sind und überhaupt nicht wissen, was morgen sein wird. Wie schnell man ihnen trotzdem ein Lächeln in die Gesichter zaubern konnte. Wie gut sie in der Lage waren, das Beste aus der Situation zu machen.*

*Unglaublich. Aber es wäre eine Falle, zu glauben, dass das keine Spuren hinterlässt. Dass solche Erfahrungen sich nicht einbrennen und irgendwann die Seele belasten. Was erzählen wir ihnen später, wenn sie uns fragen? Welche Antworten haben wir, wenn sie verzweifelt sind über das, was ihnen widerfahren ist? Was sagen wir, wenn sie die einfache Frage stellen: »Warum hat uns niemand geholfen?« Antworten wir dann wie heute ein österreichischer Politiker und sagen: »Die Bilder des Elends sind völlig überdimensioniert?« Oder mit »Habt euch nicht so!«?*

*Wenn die Informationen stimmen, dann wird das Lager in den nächsten Tagen geräumt. Dann werden die Kinder von Idomeni weiterziehen. Sich wieder an einen anderen Ort gewöhnen müssen. Viel-*

leicht wohnen sie dann in einem großen Zelt. Vielleicht schenkt ihnen jemand einen Teddy, während ein anderer gleichzeitig im Internet schreibt, dass die Teddyschenker die verblendeten Idioten sind.

Seit ich wieder hier in Berlin in meiner Wohnung, in meinem Zuhause sitze, gehen mir die Kinder nicht mehr aus dem Kopf. Ich schaue meine eigenen an, schicke Dankeshymnen in den Himmel und schäme mich gleichzeitig dafür, dass ich nicht sofort wieder nach Idomeni fliegen kann, um irgendwie zu helfen. Vielleicht habe ich einen Knall, bin ein verkappter Gutmensch, eine Weltretteridiotin, eine Klatscherin, eine komplett Verblendete, die nicht sieht, wohin uns das alles führt. Vielleicht bin ich aber auch ein Mensch, eine Mutter und Frau, der das Herz zerspringt, wenn sie zusehen muss, wie Europa diese Kinder im Stich lässt.

# EPILOG

In dem französischen Action-und-Science-Fiction-Film »Lucy« wird die Protagonistin durch eine synthetische Droge in die Lage versetzt, die gesamte Kapazität ihres Gehirns zu nutzen. So ist es ihr möglich, Wissen nahezu unbegrenzt aufzunehmen und einzusetzen. Was sie dabei jedoch verliert, ist ihre Menschlichkeit. Sie handelt nur noch aus reinem Pragmatismus heraus und setzt sich über alle ethischen Zwänge hinweg.

Was im Film noch konstruiert ist, bahnt sich mehr und mehr den Weg in die Wirklichkeit: eine Welt, in der wir über hoch entwickelte geistige Fähigkeiten verfügen, Empathie und Menschlichkeit jedoch auf der Strecke bleiben.

Ich will in so einer Welt nicht leben.

Vor einigen Tagen hat sich der Blogger Johannes Korten das Leben genommen. Einer, der sich seit vielen Jahren für eine bessere Welt eingesetzt hat. In seinem Post »Ende« schrieb er: »Wenn ich einen letzten Wunsch hätte, dann wäre es der hier: Schaut in jeder Situation gemeinsam nach vorn. Seid achtsam mit euch selbst und dann aufeinander. Macht die Welt im Großen wie im Kleinen wieder zu einem guten Ort. Lebt den Gedanken, dass das gemeinsam im Miteinander möglich ist, weiter.«[63]

Obgleich es nicht mein letzter Wunsch ist, schließe ich mich Johannes' Worten an und möchte Ihnen dazu noch ein Symbol mit auf den Weg geben.

Es ist das Bild einer Waage.

Herz und Verstand, Gefühl und Ratio sollten ausgewogen sein. Gleich schwer oder gleich leicht wiegen. Wie keine andere Spezies auf dieser Erde sind wir in der Lage, beides zu verbinden.

Um das zu leben, reicht es, sich bei allem, was Sie tun, die einfache Frage zu stellen:

»Tue ich das, was ich tue, mit Liebe?«

Liebe ist stärker als Hass.

# DANKESWORTE

Mein erster Dank geht an die Familie Räber aus der Schweiz und besonders an Michael Räber. Sein gelebter radikaler Humanismus und sein Engagement waren im letzten Jahr wie ein Leuchtfeuer für mich. Michael ist für mich das strahlende Beispiel, dass die Verbindung von Herz und Kopf Großes bewirken kann. Dass es kein Widerspruch ist. Dass es gut ist, auf sein Herz zu hören und dann den Kopf einzusetzen, um zu überlegen, wie man die Herzensangelegenheit auf die Füße stellt. Michael Räber und seine Familie haben nicht nur Menschenleben gerettet, sondern sie haben diese Welt ein Stück weit besser gemacht. Keinen Staub aufgewirbelt, sondern Spuren hinterlassen. Dafür gelten ihnen mein tiefster Dank und meine Anerkennung.

Der zweite Dank geht an meinen Lektor Carsten Schmidt. Auch er hat es verstanden, Kopf und Herz zu verbinden. Seine klugen Einwände, seine Ideen und seine liebevolle und dabei immer professionelle Besonnenheit haben mich beim Schreiben sehr unterstützt. Obwohl die Zeit für die Fertigstellung des Buches knapp bemessen war, hat er nie die Ruhe und den Überblick verloren. Vielen Dank dafür!

Der dritte Dank geht an alle Menschen, die in den letzten Wochen und Monaten Großartiges geleistet haben, indem sie Geflohenen geholfen haben. Egal ob in Idomeni, in Calais, auf Lesbos, auf der Balkanroute oder hier in Deutschland.

Ihr seid die, die sich mit ganzer Kraft dafür eingesetzt haben, dass wir es schaffen. Wenn es möglich wäre, dann wärt ihr alle meine erste Wahl für den nächsten Friedensnobelpreis. Ihr beweist jeden Tag, dass Menschlichkeit gelebt werden kann.

Ich danke euch aus tiefstem Herzen dafür.

# WEITERFÜHRENDE LITERATUR

Finze, Sabine: *Das Trauma der Kriegskinder,* Magdeburg: Klotz 2012.

Gruen, Arno: *Dem Leben entfremdet. Warum wir wieder lernen müssen zu empfinden,* München: dtv 2015.

Hüther, Gerald: *Biologie der Angst. Wie aus Stress Gefühle werden,* Kornwestheim: Vandenhoeck & Ruprecht 2012.

Kipping, Katja: *Wer flüchtet schon freiwillig. Die Verantwortung des Westens oder Warum sich unsere Gesellschaft neu erfinden muss,* Frankfurt a. M.: Westend 2016.

Leiris, Antoine: *Meinen Hass bekommt ihr nicht,* München: Blanvalet 2016.

Maaz, Hans-Joachim: *Der Gefühlsstau. Ein Psychogramm der DDR,* Berlin: Argon 1992.

Neufeld, G./G. Maté: *Unsere Kinder brauchen uns. Die entscheidende Bedeutung der Kind-Eltern-Bindung,* Bremen: Genius 2006.

Piskorski, Jean M.: *Die Verjagten. Flucht und Vertreibung im Europa des 20. Jahrhunderts,* München: Pantheon 2015.

Prantl, Heribert: *Im Namen der Menschlichkeit. Rettet die Flüchtlinge!* Berlin: Ullstein 2015.

Stiehler, Matthias: *Väterlos: Eine Gesellschaft in der Krise,* Gütersloh: Gütersloher Verlagshaus 2012.

von Meibom, Barbara: *Deutschlands Chance. Mit dem Schatten versöhnen,* München: Europa 2013.

Ziegler, Jean: *Wir lassen sie verhungern. Die Massenvernichtung in der Dritten Welt,* München: btb 2013.

# MÖGLICHKEIT ZUR AKTIVEN HILFE

Wer die Arbeit der privaten Hilfsorganisation schwizerchrüz.ch unterstützen möchte, kann das über dieses Konto tun:

Spendenkonto Michael Räber
Empfänger: Rahel Räber
Migrosbank
8010 Zürich-Mülligen,
IBAN CH11 0840 1000 0592 3559 4

BIC/SWIFT MIGRCHZZXXX.
BLZ 8401
Effingerstr. 17, 3629 Kiesen, Schweiz.

Weitere Informationen über schwizerchrüz.ch:
https://schwizerchruez.herokuapp.com

Besonders ans Herz legen möchte ich Ihnen darüber hinaus den Verein Flüchtlingspaten Syrien e.v. Dieser Verein organisiert Patenschaften für direkt nachgekommene syrische Flüchtlinge. Da der Familiennachzug ausgesetzt ist, ist das
mittlerweile die einzige Möglichkeit, Menschen aus eingeschlossenen Kriegsgebieten herauszuholen.
Nähere Informationen: https://fluechtlingspaten-syrien.de/
Spendenkonto:
Flüchtlingspaten Syrien e.V.
IBAN DE29 4306 0967 1174 1787 00
GLS-Bank Bochum

## ANMERKUNGEN

1 Christoph Reuter: »Die zweite Option«, in *Spiegel* 4/2014.
2 Christian Ultsch: »Kurz: Rettung aus Seenot ist kein Ticket nach Europa«,
www.diepresse.com, 4.6.2016.
3 Albrecht Müller/Christoph Sieber: »Christoph Siebers Warnung vor dem
Krieg«, www.nachdenkseiten.de, 8.3.2016.
4 Daniel Sager: »Der Wert eines Lebens – über das Privileg, Europäer zu
sein«, ze.tt, 4.7.2016.
5 Hans-Joachim Maaz: *Der Gefühlsstau. Ein Psychogramm der DDR*,
Berlin: Argon 1992.
6 Gerhard Roth: *Fühlen, Denken, Handeln. Wie das Gehirn unser Verhalten
steuert*, Berlin: Suhrkamp 2003.
7 O. Decker, J. Kiess, E. Brähler: *Die enthemmte Mitte. Autoritäre und rechtsextreme Einstellung in Deutschland*, Leipzig: Psychosozial Verlag 2016.
8 »Keine Chance gegen Schäubles schwarze Null«, ZEIT Online, 6.7.2016.
9 Caroline Rosales: »Warum sich viele 30- bis 40-Jährige benehmen wie
Kinder«, *Morgenpost*, 18.7.2016.
10 Rede des EP-Präsidenten Martin Schulz während des Europäischen Gipfels
am 24.10.2013.

11   Sharon Chaffin: »Ein Pater, der es mit der Politik aufnimmt«, *Nürnberger Zeitung*, 26.10.2009.

12   *Zeit im Bild*, 6.12.2015.

13   *Die Presse*, 20.7.2016.

14   Matthias Dell: »Jeder flieht vor seiner Verantwortung für Europas Geschichte«, *Spiegel Online Kultur*, 28.7.2016.

15   Thomas Kallwaas: »Wie viel Hilfe bekam Griechenland wirklich?«, 9.8.2012.

16   Vanessa Steinmetz: »Studie zu Flüchtlingen und Migranten: Die Willkommenskultur verabschiedet sich«, *Spiegel*, 7.7.2016.

17   Heribert Prantl: *Im Namen der Menschlichkeit. Rettet die Flüchtlinge!* Berlin: Ullstein 2015.

18   Jean Ziegler: *Wir lassen sie verhungern. Die Massenvernichtung in der Dritten Welt*, München: btb 2013.

19   V. Funk: »Rüstungsbranche verdient an Flüchtlingen«, FAZ online, 14.6.2016.

20   www.gfbv.de

21   Eugen Drewermann: »Geld, Gesellschaft und Gewalt«, Vortrag in der Berliner Urania, 11.4.2016.

22   Oliver Wietlisbach: »Die vergessenen Jahre des Terrors«, www.watson.ch, 26.3.16.

23   Niels Boeing und Andreas Lebert: »Tut mir leid, aber das sind Tatsachen«, *ZEIT Wissen*, 19.8.2014.

24   *Zeit Campus*, 19.7.2016.

25   Arno Gruen: *Dem Leben entfremdet. Warum wir wieder lernen müssen zu empfinden*, München: dtv 2015.

26   Matthias Eckoldt: Beitrag Deutschlandfunk: »Denken, Fühlen, Handeln. Wie das Gehirn unser Verhalten steuert«, 21.2.2002.

27   Robert Hepach, Amrisha Vaish und Michael Tomasello: »Young Children Are Intrinsically Motivated to See Others Helped«, *Psychological Science* 2012.

28   Elisabeth von Thadden: »Was machen die Bilder mit uns?«, *ZEIT*, 17.3.2016.

29   Piskorski, Jean M.: *Die Verjagten. Flucht und Vertreibung im Europa des 20. Jahrhunderts*, München: Pantheon 2015.

30   Lukas 9,24.

31   Victor Klemperer: *Lingua Tertii Imperii – die Sprache des Dritten Reiches*, Stuttgart: Reclam 2007.

32   Gustave M. Gilbert: *Nürnberger Tagebuch. Gespräche der Angeklagten mit dem Gerichtspsychologen*, Frankfurt a. M.: Fischer 1962.

33  Karin Janker: »Eskalieren, ohne es zu merken«, *Süddeutsche Zeitung,*
    28.7.2015.

34  *ZEIT,* 25.2.2016.

35  Hans Rauscher: »Politische Pathologie: Gegenmittel«, derstandard.at,
    26.7.2016.

36  »Neue Heimat Flüchtlingslager«, arte, 20.6.2016.

37  Piskorski, Jean M.: *Die Verjagten. Flucht und Vertreibung im Europa des
    20. Jahrhunderts,* München: Pantheon 2015.

38  Interview mit Jonathan Jeremiah, http://lifestyle.volksfreund.de, 25.4.2015.

39  3Sat Festival 2015, »Liebe«.

40  Tobias Schmitz: »Tobias Schlegl wird Notfallsanitäter – die Wahrheit hinter
    seiner Entscheidung«, www.stern.de, 21.7.2016.

41  Masc Brost/Tina Hildebrandt: »Die Angst ist das Ziel«, *ZEIT,* 14.7.2016.

42  Antoine Leiris: *Meinen Hass bekommt ihr nicht,* München: Blanvalet 2016.

43  Jesper Juul: »Wie Aggression, Gewalt und potentielle Radikalisierung in
    Kindergärten und Schulen vorgebeugt werden kann – eine kurze Anleitung
    für Fachleute«, *Familylab International,* 2.5.2016.

44  Hans-Joachim Maaz: *Der Gefühlsstau. Ein Psychogramm der DDR,* Berlin:
    Argon 1992.

45  Gruen, Arno: *Dem Leben entfremdet. Warum wir wieder lernen müssen zu
    empfinden,* München: dtv 2015.

46  Florian Goldberg: »Plädoyer gegen geistigen Analphabetismus«, Deutsch-
    landradio Kultur Online, 29.6.2016.

47  Erich Fromm: *Anatomie der menschlichen Destruktivität,* Reinbek: Rowohlt
    1977.

48  Gerald Hüther: *Biologie der Angst . Wie aus Stress Gefühle werden,*
    Kornwestheim: Vandenhoeck & Ruprecht 2012.

49  Facebook-Eintrag: »Die Monatsbotschaft von Robert Betz«, 1.12.2015.

50  Abraham A. Maslow: *Die Psychologie des Seins. Ein Entwurf,* Frankfurt
    a. M.: Fischer 1994.

51  John Green: *Das Schicksal ist ein mieser Verräter,* München: Hanser 2012.

52  Sabine Finze: *Das Trauma der Kriegskinder,* Magdeburg: Klotz 2012.

53  Phillipe Zweifel: »Hört auf, die Kinder für alles zu loben«, Tagesanzeiger.ch,
    18.02.2016.

54  John Taylor Gatto, Oliver Baillieu: »Wie und warum das allgemeine
    Bildungswesen unsere Kinder verkrüppelt«, www.birkenbihl.com.

55  Matthias Stiehler: *Väterlos: Eine Gesellschaft in der Krise,* Gütersloh:
    Gütersloher Verlagshaus 2012.

56  Alexander Mitscherlich: *Auf dem Weg zur vaterlosen Gesellschaft,* München: Piper 2003.
57  Jeannette Hagen: *Die verletzte Tochter. Wie Vaterentbehrung das Leben prägt,* München: Scorpio 2015.
58  Jeannette Hagen: »Wenn Väter fehlen«, *Raum & Zeit,* Mai/Juni 2016.
59  Christian Kunst: »Kriegsenkel – eine vergessene Generation befreit sich«, Rhein Zeitung Online, 14.4.2016.
60  Scarlett Lewis: *Ich hab Dich immer lieb. Wie ich meinen Sohn verlor und für immer wiederfand,* München: L·E·O 2014.
61  Bibliothekseröffnung in Birmingham, September 2013.
62  David Rotter: »Eine spirituelle Antwort auf den Terror finden«, *SEIN,* 01/2016.
63  Blog Jazzlounge, Post »Ende« vom 25.7.2016.